MÉTODO DE ESPAÑOL PARA EXTRANJEROS

PRISMA

LATINOAMERICANO

PROGRESA

LIBRO DEL ALUMNO

Equipo prisma

NIVEL

B1

Equipo prisma: Águeda Alba, Ana Arámbol, María Cristina Blanco, Raquel Blanco, Isabel Bueso, Gloria María Caballero, Ana Dante, Esther Fernández, Óscar Gómez, Raquel Gómez, Ainhoa Larrañaga, Adelaida Martín, Ramón Martín, Silvia Nicolás, Carlos Oliva, Isabel Pardo, Marisa Reig, Marisol Rollán, María Ruiz de Gauna, Ruth Vázquez, Fausto Zamora

© Editorial Edinumen, 2010

© Autores del nivel B1 de PRISMA: María Cristina Blanco, Gloria María Caballero, Ainhoa Larrañaga, Adelaida Martín, Carlos Oliva, Isabel Pardo, Marisa Reig, María Ruiz de Gauna, Marisol Rollán y Ruth Vázquez
    Coordinadora: Ruth Vázquez

ISBN: 978-84-9848-105-1
Depósito Legal: M-22659-2014
Impreso en España
Printed in Spain

1.ª impresión: 2010
2.ª impresión: 2014

Coordinación pedagógica:
  María José Gelabert

Coordinación editorial:
  Mar Menéndez

Edición:
  David Isa y Nazaret Puente

Adaptación versión Latinoamérica:
  Elizabeth Reyes (coord.), Isabel Jazmín, Ma. de las Mercedes Cárdenas, Víctor Alfredo Valdivia, Mariana Rochín, Universidad de Guadalajara
  Luis Navarro, Instituto Tecnológico de Monterrey
  Martha M. Martínez, Máster Universidad A. Nebrija

Autores del apartado *Nos conocemos*:
  David Isa y Nazaret Puente

Ilustraciones:
  Miguel Alcón y Carlos Casado

Diseño de cubierta:
  Carlos Yllana

Diseño y maquetación:
  Carlos Casado, Juanjo López, Sara Serrano y Carlos Yllana

Fotografías:
  Archivo Edinumen, Stephane Benain, Jacobo Morales, Fernando Ramos Jr., Armando Mendoza, Gabinete de prensa de Isabel Allende, Adolfo Domínguez, Benjamín Ojeda y Martha M. Martínez

Agradecimientos:
  A todas las personas y entidades que nos han aportado sugerencias, fotografías e imágenes y, de manera especial, a Benjamín Ojeda, Diana Benavides y a María del Carmen Chacón Laguía

Impresión:
  Gráficas Viro

Editorial Edinumen
José Celestino Mutis, 4. 28028 - Madrid
Teléfono.: 91 308 51 42
Fax: 91 319 93 09
e-mail: edinumen@edinumen.es
www.edinumen.es

introducción

PRISMA LATINOAMERICANO es un manual de español para extranjeros pensado y dirigido para aquellos estudiantes y centros cuyo proceso de enseñanza y aprendizaje del español tiene lugar en un contexto latinoamericano.

PRISMA LATINOAMERICANO tiene como objetivo dotar al estudiante de las estrategias y conocimientos necesarios para desenvolverse en un ambiente de habla hispana y en el que convergen diferentes culturas. Con este manual, aunque sigue la variedad mexicana, se pretende dar cuenta de la variedad y riqueza de los países que forman parte de la cultura latina, explicando algunas diferencias significativas (gramaticales, léxicas, etc.) y mostrando la diversidad cultural existente.

En este material cobran especial importancia los aspectos socioculturales que hacen que el estudiante reflexione sobre la diversidad del español, como lengua y como prisma de culturas. El alumno los descubrirá a través de los contenidos tratados en las diferentes actividades, en los contextos situacionales y en el apartado específico de cultura, denominado *Nos conocemos*, que aparece al final de cada unidad.

PRISMA LATINOAMERICANO aúna diferentes tendencias metodológicas desde una perspectiva comunicativa, con lo cual se persigue atender a la diversidad de discentes y docentes. En este libro se integran las actividades comunicativas de la lengua, junto con el estudio de la gramática de forma tanto deductiva como inductiva. De esta manera, se prepara al alumno para que sea competente y participe activamente en los intercambios lingüísticos que se le presenten.

Este material está estructurado en **4 niveles: Comienza (A1)**, **Continúa (A2)**, **Progresa (B1)** y **Avanza (B2)**, según los requerimientos del *Marco común europeo de referencia* (MCER). Este Marco nos ofrece una base común para la descripción explícita de los niveles, de los objetivos y los contenidos en la enseñanza de las lenguas modernas. El MCER favorece la transparencia de los cursos, los programas y las titulaciones, fomentando la cooperación internacional en el campo de la enseñanza de idiomas.

PRISMA LATINOAMERICANO Progresa (B1) se compone de **Libro del alumno**, **Libro de ejercicios**, **Libro del profesor** y **grabaciones**.

Libro del alumno: consta de doce unidades más dos de repaso.

Cada unidad didáctica tiene autonomía, pero recoge contenidos gramaticales, léxicos y funcionales de unidades anteriores (retroalimentación). Cada actividad va acompañada de unos iconos que marcan la destreza que se va a trabajar (leer, escribir, escuchar, hablar), así como la dinámica de clase sugerida por los autores (solo, parejas, grupos pequeños, grupo de clase), también aparece un icono cuando se requiere una explicación del profesor (siempre presente en el Libro del profesor) o un juego.

Cada unidad didáctica se desarrolla atendiendo a:

- **Pluriculturalidad:** se deja sentir en los contenidos culturales que aparecen en textos y grabaciones a lo largo de toda la unidad y en el apartado *Nos conocemos* al final de cada tema.

- **Integración de destrezas:** una gran parte de las actividades están planteadas para llevarse a cabo en parejas o grupo, con el fin de potenciar la interacción, la comunicación y la interculturalidad.

- **Gramática:** se presenta de forma inductiva y deductiva para que los estudiantes construyan las reglas gramaticales basándose en su experiencia de aprendizaje o dando una regla general que deben aplicar, dependiendo de la frecuencia, rentabilidad o complejidad de los contenidos.

- **Autoevaluación:** se sugieren tanto actividades conducentes a que el estudiante evalúe su proceso de aprendizaje, como actividades que potencien y expliciten las estrategias de aprendizaje y comunicación.

Libro de ejercicios, consta de:

- **Actividades** dinámicas con las que reforzar los contenidos estudiados de una forma autónoma para seguir avanzando en el aprendizaje.

- **Apéndice gramatical** detallado.

- **Claves** de estos ejercicios.

Libro del profesor, recoge:

- **Propuestas, alternativas y explicaciones** para la explotación de las actividades presentadas en el libro del alumno, prestando especial atención al **componente cultural y pragmático**, con el fin de que el estudiante adquiera un aprendizaje global.

- **Fichas** fotocopiables, tanto de refuerzo gramatical como para desarrollar situaciones comunicativas o tareas, dentro y fuera del aula, para que el estudiante tome conciencia de la diferencia de los intereses individuales, de su visión del mundo y, en consecuencia, de su aprendizaje.

- **Material para transparencias** de apoyo para el proceso de enseñanza/aprendizaje.

- **Apéndice de pronunciación** con ejercicios prácticos.

- **Transcripciones** de las grabaciones.

- **Claves** de los ejercicios.

Equipo prisma

Extensión digital de ***Prisma Latinoamericano B1***: en la **ELEteca**, puedes encontrar, con descarga gratuita, materiales que amplían y complementan este método.

La Extensión digital para el **alumno** contiene los siguientes materiales:

- Grabaciones

Recursos del alumno:

Código de acceso

98481051

www.edinumen.es/eleteca

La Extensión digital para el **profesor** contiene los siguientes materiales:

- Introducción
- Guía del profesor con explotación y claves
- Transcripciones
- Fichas fotocopiables y sus claves
- Transparencias
- Grabaciones

Recursos del profesor:

Código de acceso

Rellena el formulario de solicitud de acceso a los recursos del profesor en:

www.edinumen.es/eleteca/solicitudes

En el futuro, podrás encontrar nuevas actividades. **Visita la ELEteca**

índice de contenidos

En el método se usan los siguientes símbolos gráficos:

 Trabajo individual

 Hablar

 Audio [Número de la grabación]
[1]

 Trabajo en parejas

 Escribir

 Léxico

 Trabajo en pequeño grupo

 Leer

 Profesor

 Trabajo en gran grupo o puesta en común

 Jugar

Tareas para realizar en casa

Nota: La nomenclatura empleada en este material es la utilizada en la reciente *Nueva Gramática de la lengua española*, publicada a finales del año 2009 y que recoge la terminología de Andres Bello, por ser la más utilizada en Latinoamérica. Para consultar su equivalencia con otras terminologías, véase *"Nomenclatura de las formas verbales"* en la página final de este libro.

1

Unidad

Contenidos funcionales
- Expresar cortesía
- Contar y describir anécdotas sobre usos y costumbres
- Dar instrucciones y consejos para desenvolverse en otros países y culturas

Contenidos gramaticales
- Revisión de tiempos del modo indicativo

Contenidos léxicos
- Léxico relacionado con las relaciones sociales

Contenidos culturales
- El tianguis de Tonalá
- El regateo
- Fórmulas de cortesía en México y en el resto de Latinoamérica
- Costumbres mexicanas
- Cultura gestual

Nos conocemos
- El mundo artesano

Vamos al **tianguis**

1.1. Antes de leer el texto sobre el tianguis de Tonalá, responde a estas preguntas. Después, lee el texto y comprueba tus respuestas.

Antes de leer		Después de leer
1.	¿Qué día de la semana es el tianguis de Tonalá?	1.
2.	¿Se pueden comprar figuras hechas de chatarra?	2.
3.	¿Es posible adquirir piezas en miniatura?	3.
4.	¿Qué se puede degustar en el tianguis de Tonalá?	4.
5.	¿Está abierto durante todo el día?	5.
6.	¿Es un mercado cubierto?	6.

1.1.1. Ahora, lee el texto:

EL TIANGUIS DE TONALÁ

El tianguis de Tonalá es un pintoresco y bullicioso mercado al aire libre que hay que visitar no solo por las artesanías que se pueden comprar ahí, sino por los módicos precios en los que estas se venden.

Se instala los jueves y domingos en la Plaza Principal en las calles céntricas del municipio de Tonalá (Guadalajara), lugar de oficios artesanales desde la época prehispánica hasta la actualidad. En este tianguis se puede encontrar alfarería y cerámica en diferentes piezas como platos, jarros, cazuelas, ollas, piezas en miniatura, figuras decorativas; vidrio soplado, en piezas de vajillas; también figuras en yeso y de chatarra… Pasas delante de un puesto varias veces y después de numerosos empujones y de algunos regateos, vuelves y te decides a comprar.

También es posible deleitarse con la comida que hacen en el tianguis, como tortas, tacos, birria, pipián, dulces, garrapiñados y demás; y calmar la sed con tejuinos, nieves y otras bebidas refrescantes.

Pero para disfrutar de este colorido lugar donde muchos tapatíos acuden los jueves y domingos, conviene ir temprano: cerca de las cuatro de la tarde muchos de los puestos empiezan a recoger.

www.tianguistonala.com

1.1.2. 👤 🔍 Busca en el texto las palabras correspondientes a las siguientes definiciones.

1. [_____] Habitante de la ciudad de Guadalajara, México.
2. [_____] Conjunto de trozos de metal de desecho, principalmente viejo.
3. [_____] Característico por ser propio o típico de un lugar.
4. [_____] Bebida fermentada hecha de maíz, agua y piloncillo.
5. [_____] Se aplica al lugar donde hay ruido confuso de gritos, voces y risas.
6. [_____] Mercado que, por lo general, se instala en un determinado lugar algunos días de la semana.
7. [_____] Conjunto de recipientes para servir la comida.

1.2. 👤 💬 Cuando compras algo en el tianguis puedes negociar con el vendedor su precio. A esto en español se le llama "regateo". ¿Por qué no ordenas el siguiente diálogo y así aprendes a regatear?

17.10.2009

► Vendedor   ► Cliente

Recuerda que para comprar también puedes usar el copretérito de cortesía:

Vendedor: Buenos días, ¿qué se le ofrecía?
Cliente: Buenos días, quería...

Y para describir puedes usar las siguientes expresiones:

- **Es** + adjetivo (grande, caro, bonito...).
- **Es de** + nombre (materia: cristal, plástico...).
- **Sirve para** + infinitivo (beber, cocer, calentar...).

·······································
: **España:** *Buenos días, ¿qué quería/quieres?*
·······································

·······································
Argentina: *Buenos días, ¿qué quería/querés?*
·······································

[9] ► ¿Cuánto me ofrece usted?

[5] ► Mire, aquí tenemos todas estas. ¿Cuál prefiere?

[14] ► ¡Adiós!

[13] ► De acuerdo.

[11] ► Imposible. Dese cuenta de que con ese precio tan barato nosotros no solo no ganamos, sino que incluso perdemos dinero.

[3] ► ¡Ah!, usted quiere una olla de barro.

[7] ► 40 pesos.

[1] ► Buenos días, ¿qué se le ofrece?

[10] ► *25 pesos.*

[14] ► *También me parece a mí mucho más razonable este precio. Tenga. Muchas gracias. ¡Adiós!*

[2] ► *Buenos días, quería un objeto que es de barro... Creo que de color café y sirve para cocer alimentos o calentar agua.*

[4] ► *Sí, sí. Eso es: una olla.*

[12] ► *¿Qué le parece entonces 30 pesos?*

[6] ► *Me gusta esta. ¿Cuánto cuesta?*

[8] ► *Me parece carísima. Tiene un precio totalmente desorbitado. ¿No podría hacerme algún descuento?*

1.2.1. Ahora, imagina que vas al tianguis de Tonalá a comprar "recuerdos típicos" mexicanos para tu familia y amigos. Simula un diálogo como el de la página anterior en el que regatees el precio del objeto típico.

1.3. Como norma de cortesía, no se puede regatear en cualquier parte. ¿Qué sabes de la cortesía en México y en el resto de Latinoamérica? Señala con una ✗ la información correcta y comenta con tu compañero la que te resulte sorprendente.

✗ **1.** No se puede regatear el precio de la habitación en un hotel.

2. Dos amigas cuando se despiden se dan la mano.

3. Te descalzas para estar en casa.

4. Cuando te ofrecen algo de comer o beber, no se acepta a la primera.

5. Si te dan un regalo, no debes abrirlo en el momento.

6. Cuando te dicen un piropo o te hacen un cumplido, lo agradeces sin más.

7. Si invitas a tus amigos a cenar, te traen un cartón de chelas, un postre, algo para botanear...

8. Se pide permiso para fumar.

1.3.1. Subraya los verbos en presente de indicativo. ¿Hay verbos irregulares?

1.4. Transforma:

Infinitivo	Yo	Él/Ella/Usted	Nosotros/as
Ofrecer	Ofrezco	Ofrece	Ofrecemos
Conocer			
Dar			
Hacer			
Poner			
Traer			
Saber			

CONTINÚA ····⁞··

Infinitivo	Yo	Él/Ella/Usted	Nosotros/as
Salir			
Decir			
Empezar			
Volver			
Pedir			
Dormir			
Mentir			

1.5. 👤 ✏️ **Completa ahora estas oraciones con los verbos correspondientes y aprenderás más costumbres mexicanas.**

> Decir • Sentarse • Tender • Despertar • Soler
> Pedir • Acostarse • Empezar • Despedirse • Tener

1. Muchos universitarios mexicanos ...*tienden*... *empiezan* a trabajar por primera vez antes de terminar sus estudios.
2. Muchos mexicanos ...*se acuesta* a las doce o a la una de la mañana.
3. Las personas sin reloj ...*piden*... la hora a desconocidos por la calle.
4. Si *te despides* de tu mamá porque sales de viaje, normalmente le das un beso y un abrazo.
5. Algunos adolescentes ...*dicen*... groserías continuamente.
6. En este país la gente ...*suele*... demostrar afecto tocando a los demás.
7. Algunas personas ...*tienen*... la costumbre de despedirse muchas veces antes de irse.
8. En los puestos de comida en la calle la gente no ...*se sienta* sino que se queda de pie.
9. El ruido de la calle a altas horas *despierta* a la gente que no salió de parranda ese fin de semana.
10. Los mexicanos ...*tienden*... a verse mucho en la calle con sus amigos.

Y... ¿qué te pasó?

2.1. 👤 📖 **Lee el siguiente texto en el que se narran las aventuras y desventuras de una profesora de español en Japón, publicado en el periódico** *El Universal*.

Edad: 26 años.

Procede de: Tijuana.

Fecha del viaje: desde junio de 2007 hasta marzo de 2009.

Itinerario: Ciudad de México-Japón-China.

Duración: veintiún meses.

CONTINÚA ····⁞·

Motivo. Las ganas de viajar y la suerte de encontrar un trabajo de profesora de español en Japón, aunque no sabía nada de japonés.

Qué dijo tu familia. No pusieron ninguna traba y me apoyaron en todo momento, aunque les costó adaptarse a esa nueva situación, estando yo en un país tan lejano y con tan poca información sobre él.

Cómo lo financiaste. Con lo que tenía ahorrado de trabajos temporales en verano.

Medio de transporte. Por supuesto, el avión. Cada vez que tenía vacaciones, iba a China a conocer diferentes partes del país. Por allá me movía en transportes locales.

El mejor momento del viaje. Los que compartí con los amigos que hice allá. Ellos me enseñaron el país, su cultura y sus costumbres (tan diferentes a las nuestras). Cuando fueron mis padres a visitarme, fue verdaderamente emocionante.

El momento más peligroso. Cuando me ingresaron en un hospital de Osaka debido a una infección. Allá me di cuenta de lo lejos que estaba de casa y de lo sola que me sentía en esos momentos.

La situación más extraña. Muchas, desde cómo encontrar una dirección en un mapa japonés a cómo utilizar el cuarto de baño. También en los baños públicos japoneses donde no hay lugar para el pudor.

La comida más rara. Las comidas son muy diferentes a las nuestras, pero no tuve ningún problema para adaptarme a sus costumbres culinarias. Comí mucho arroz y pescado.

Mereció la pena. Se lo recomiendo a todo el mundo. Aprendí muchísimo de otras culturas y, sobre todo, a conocerme mejor. Además, me abrió la mente a otras formas de pensar.

> **Traba:** obstáculo.
> **Pudor:** vergüenza, intimidad.

2.1.1. 👤 📝 **Subraya todos los verbos en pasado que aparecen en el texto.**

2.2. 👥 📝 **Coloca los marcadores de tiempo en su columna correspondiente:**

> La semana pasada • Frecuentemente • Antier • Antes • La última vez • Anoche
> Ayer • Siempre • A veces • El martes en la mañana • Seguido • Una vez

PRETÉRITO (Pretérito perfecto simple)	COPRETÉRITO (Pretérito imperfecto)
• Acción pasada en un período de tiempo terminado. • Acción en la que se especifica el tiempo, duración, principio o final.	Descripción de: • personas, cosas, lugares... • acciones habituales • circunstancias • planes

¿Hay marcadores polivalentes?

2.2.1. 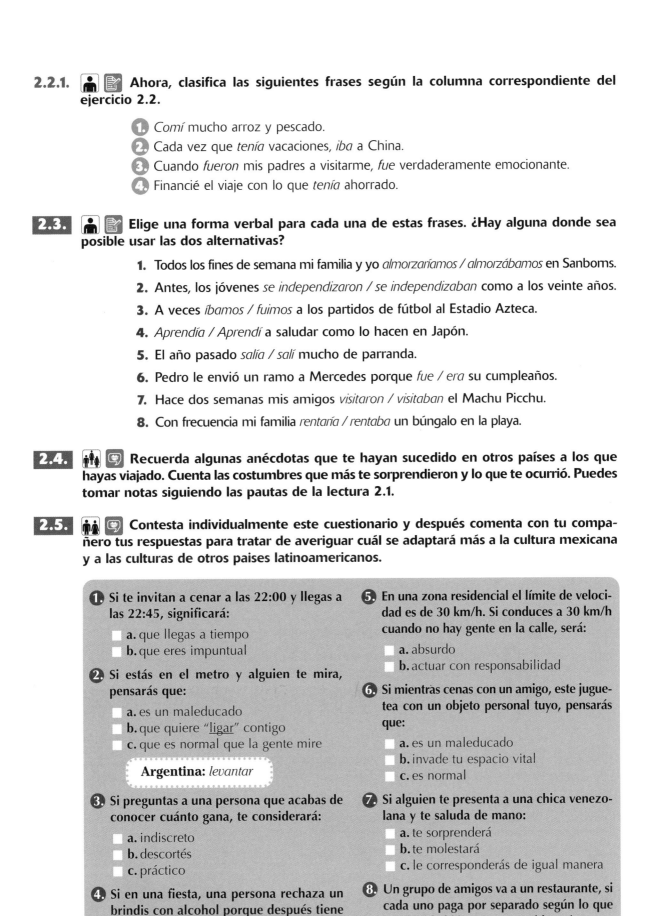 Ahora, clasifica las siguientes frases según la columna correspondiente del ejercicio 2.2.

1. *Comí* mucho arroz y pescado.
2. Cada vez que *tenía* vacaciones, *iba* a China.
3. Cuando *fueron* mis padres a visitarme, *fue* verdaderamente emocionante.
4. Financié el viaje con lo que *tenía* ahorrado.

2.3. Elige una forma verbal para cada una de estas frases. ¿Hay alguna donde sea posible usar las dos alternativas?

1. Todos los fines de semana mi familia y yo *almorzaríamos / almorzábamos* en Sanborns.
2. Antes, los jóvenes *se independizaron / se independizaban* como a los veinte años.
3. A veces *íbamos / fuimos* a los partidos de fútbol al Estadio Azteca.
4. *Aprendía / Aprendí* a saludar como lo hacen en Japón.
5. El año pasado *salía / salí* mucho de parranda.
6. Pedro le envió un ramo a Mercedes porque *fue / era* su cumpleaños.
7. Hace dos semanas mis amigos *visitaron / visitaban* el Machu Picchu.
8. Con frecuencia mi familia *rentaría / rentaba* un búngalo en la playa.

2.4. Recuerda algunas anécdotas que te hayan sucedido en otros países a los que hayas viajado. Cuenta las costumbres que más te sorprendieron y lo que te ocurrió. Puedes tomar notas siguiendo las pautas de la lectura 2.1.

2.5. Contesta individualmente este cuestionario y después comenta con tu compañero tus respuestas para tratar de averiguar cuál se adaptará más a la cultura mexicana y a las culturas de otros países latinoamericanos.

1. Si te invitan a cenar a las 22:00 y llegas a las 22:45, significará:
   - a. que llegas a tiempo
   - b. que eres impuntual

2. Si estás en el metro y alguien te mira, pensarás que:
   - a. es un maleducado
   - b. que quiere "ligar" contigo
   - c. que es normal que la gente mire

   Argentina: *levantar*

3. Si preguntas a una persona que acabas de conocer cuánto gana, te considerará:
   - a. indiscreto
   - b. descortés
   - c. práctico

4. Si en una fiesta, una persona rechaza un brindis con alcohol porque después tiene que conducir media hora hasta su casa, se comportará como:
   - a. un aguafiestas
   - b. una persona responsable
   - c. una persona descortés

5. En una zona residencial el límite de velocidad es de 30 km/h. Si conduces a 30 km/h cuando no hay gente en la calle, será:
   - a. absurdo
   - b. actuar con responsabilidad

6. Si mientras cenas con un amigo, este juguetea con un objeto personal tuyo, pensarás que:
   - a. es un maleducado
   - b. invade tu espacio vital
   - c. es normal

7. Si alguien te presenta a una chica venezolana y te saluda de mano:
   - a. te sorprenderá
   - b. te molestará
   - c. le corresponderás de igual manera

8. Un grupo de amigos va a un restaurante, si cada uno paga por separado según lo que comió y bebió, esto se considerará:
   - a. práctico
   - b. incorrecto
   - c. atípico

3 Allí donde fueres, **haz lo que vieres**

3.1. El desconocimiento de otras culturas puede provocar malentendidos culturales que debemos evitar y superar para lograr un mayor entendimiento entre los diferentes países. Lee el siguiente artículo aparecido en un periódico español:

¿Vino de Irán?

Las relaciones entre París y Teherán se <u>avinagraron</u> por culpa del vino. Esta semana, el presidente iraní anuló la visita que tenía previsto realizar a Francia por la negativa de sus anfitriones a renunciar a borgoñas, burdeos y champañas en la mesa durante la cena oficial en el Elíseo. Las autoridades de la república islámica pretendían imponer la ley seca.

El diálogo entre civilizaciones apoyado por el presidente iraní chocó con una diferencia cultural entre los dos países.

Ante la misma situación, Roma, el mes pasado, ofreció al presidente un menú semivegetariano regado con agua mineral y jugos de frutas. Pero en Francia resulta inimaginable brindar con agua por la eterna amistad de dos países. Es una cuestión de costumbres.

A favor de la causa vinícola, los franceses observan que sus dirigentes son abstemios cuando visitan países musulmanes donde el consumo de bebidas alcohólicas está prohibido por la ley al igual que en Irán.

Los esfuerzos diplomáticos se concentran ahora en encontrar una fórmula de compromiso para solucionar el problema planteado.

Se avinagraron: se enfriaron.
Anfitriones: personas que tienen invitados en su casa o en su país.
Abstemios: personas que no beben alcohol.

3.1.1. Contesta a las siguientes preguntas sobre el texto.

1. ¿Qué te sugiere el título del artículo?
2. ¿Qué pasó con las relaciones entre París y Teherán?
3. ¿Qué solución encontró Roma?
4. ¿Qué hizo Francia?

3.1.2. ¿Qué consejos les darías para solucionar este malentendido cultural? Coméntalos con tu compañero.

Ejemplo: *Yo, en su lugar, **brindaría** con licor de manzana sin alcohol.*

ⓘ Expresiones para aconsejar

Yo, en tu lugar, Yo	+ pospretérito
Deberían Tendrían que Habría que Podrían	+ infinitivo

3.2. ¿Qué te sugiere el refrán *"Allí donde fueres, haz lo que vieres"*?

3.2.1. 👥 💬 **Cada país se rige por su propio código cultural. Lee las tarjetas, reacciona y contrasta tu reacción con la de tu compañero.**

Te encuentras en la calle con un conocido al que no ves desde hace tiempo; él te saluda, pero tiene prisa y te dice "luego te hablo", y no te llama.

Hablas con un latinoamericano y notas que te habla desde muy cerca.

Los hombres latinoamericanos dicen piropos a las mujeres en la calle.

Vas en el metro y tienes la sensación de sentirte observado porque te están mirando con cierta intensidad.

Vas a una tienda y el vendedor se pone a hablar de su vida durante un largo rato con un cliente.

Estás en una cena con colombianos y estos empiezan a bromear entre copa y copa.

Es tu cumpleaños y un amigo te <u>avienta</u> al pastel.

Estás en una fiesta y la gente toma de la misma yarda.

España: *tirar, lanzar*   **Argentina:** *tirar*

3.3. 👥 🔊 **Escucha a Manuel Mundi hablar de sus experiencias a lo largo y ancho del globo. Lee las frases y decide, después de haber escuchado, si son verdaderas o falsas.**
[1]

	Verdadero	Falso
1. Manuel Mundi es piloto.	☐	☐
2. Eligió esta profesión porque le parecía fascinante, aventurera y romántica.	☐	☐
3. A su familia le encantó la elección de esta profesión.	☐	☐
4. Conoce el 75% de los países del mundo que tienen costa.	☐	☐
5. Un viaje especial fue el de Haití con un grupo de jubilados.	☐	☐
6. Piensa que los malentendidos se superan con comprensión.	☐	☐
7. El momento más peligroso ocurrió el 10 de octubre de 1979 en el Pacífico.	☐	☐
8. La comida más rica para él fue la leche de camella.	☐	☐
9. Esta profesión lo ha hecho más solidario.	☐	☐
10. Piensa que el ser humano puede adaptarse a todo, excepto al hambre.	☐	☐

3.3.1. 👤 📝 **Escucha de nuevo y completa la información.**

1. *Un viaje especial:* ....

2. *Un malentendido cultural:* ....

3. *Una costumbre sorprendente:* ....

4. *Un momento peligroso:* ....

5. *Una comida rara:* ....

3.4. 🌐 ✒️ **Juega a ser viajero como Manuel Mundi y aprende a comunicarte utilizando también los gestos. En parejas, por turnos, tu compañero y tú van a representar las imágenes que les dará el profesor y a escribir lo que representan en la casilla correspondiente.**

Finalmente, comenten si estos gestos son similares a los de su país.

Autoevaluación

1. **Traduce estas frases a tu lengua:**

   a. Vamos al cine todos los sábados ➜ ....

   b. Últimamente he llegado tarde a clase ➜ ....

   c. Estuve de viaje durante un mes ➜ ....

   d. Era gordo y alto, pero no comía nada ➜ ....

   e. Cuando llegó a casa, su mamá había salido ➜ ....

   f. Mañana vamos a visitar a Juan ➜ ....

   g. Me compraré un carro ➜ ....

   h. Me prometió que saldría conmigo ➜ ....

1.1. ¿Cómo has marcado el tiempo de la acción?

   ☐ Con una forma verbal

   ☐ Con marcadores temporales

   ☐ Con ....

2. **En clase, además de la gramática, practicas el español a través de la lectura, audiciones, conversación y escritura, pero fuera de clase, ¿qué objetivos tienes para aprender bien español durante este curso?**

	Todos los días	3-4 veces por semana	2 veces o menos por semana
1. Revisar los cuadros gramaticales de clase	☐	☐	☐
2. Revisar y corregir los errores detectados en clase	☐	☐	☐
3. Hacer la tarea	☐	☐	☐
4. Hablar al menos durante una hora en español	☐	☐	☐
5. Ver la televisión: series, concursos, películas...	☐	☐	☐
6. Escuchar el radio	☐	☐	☐
7. Leer un libro en español	☐	☐	☐
8. Escribir en "mi diccionario" las palabras o expresiones nuevas que oiga o lea en la calle	☐	☐	☐
9. Viajar a alguna ciudad de habla hispana	☐	☐	☐
10. Hacer visitas culturales relacionadas con México o Latinoamérica	☐	☐	☐

EL MUNDO ARTESANO

1. ¿Qué es la artesanía? Junto a tu compañero, escribe una posible definición del término. ¿Sueles comprar objetos de artesanía? ¿Cuál compraste en tu último viaje? ¿Qué trabajos de artesanía conoces?

....

....

....

....

2. Relaciona estos tipos de artesanía con los objetos que hacen y con los materiales que utilizan en su elaboración:

Orfebrería	Jarrones de porcelana	Arcilla o barro
Tapicería	Cestas	Hojas de palma
Cerámica	Maletas, mochilas y carteras	Cuero o piel
Cestería	Alfombras, tapices, bordados	Oro o plata
Marroquinería	Joyería: collares y anillos	Hilo o lana
Alfarería	Vasijas y vajillas	

3. Dividan la clase en 3 grupos (A, B y C), lean los textos sobre la artesanía de los países latinoamericanos que les han correspondido, y escriban un título para cada texto. Después formen grupos con miembros de cada uno (ABC, ABC...) para explicar lo que conocen de la artesanía de los países.

A _____ El tejido de paja toquilla empezó con los aborígenes que vivían en el territorio, pues en diferentes figuritas hechas en piedra o cerámica, se puede apreciar que los hombres llevaban una especie de protección en la cabeza y pudo haber sido hecha con este material. Durante la época colonial, a estos habitantes se les consideraron como verdaderos maestros en el tejido de los sombreros de paja toquilla.

A finales del siglo XIX, cuando se empezó con la construcción del canal de Panamá, la gente que fue a Panamá propagó el uso del sombrero ecuatoriano como el más adecuado para el clima y el tipo de trabajo en ese lugar, convirtiéndose en prenda de uso "obligatorio". Desde aquí se difunde hacia América del Norte y Europa con el nombre de "*Panama hat*" o "Sombrero de Panamá".

Los sombreros se elaboran con la "paja toquilla", palma que se cultiva en las partes montañosas de la Costa y oriente de Ecuador.

A _____ La tradición indígena y la fuerte influencia española en el tratamiento del oro se reflejan en la orfebrería que se elabora en Santa Cruz de Mompox (Colombia).

Esta población, reconocida por la Unesco como Patrimonio Cultural de la Humanidad, es considerada cuna de la orfebrería colombiana y como el principal centro orfebre del país, siendo su joyería objeto de admiración en todo el mundo.

B La cerámica es una de las actividades más importantes del arte popular de todo México. Las primeras manifestaciones datan de hace más de cuatro mil años. Destacan las vajillas decoradas de Paquimé, las figurillas ceremoniales de Jaina o el barro negro de Oaxaca.

En el estado de Chihuahua se encuentra la zona arqueológica azteca más importante de esa región del país, el Paquimé. Los actuales habitantes del Paquimé producen las más bellas piezas de cerámica en México. La mayoría de las piezas son vasijas que ellos llaman *ollas*, sin embargo, todas las piezas tienen un carácter decorativo.

En el estado de Campeche, las figurillas funerarias de Jaina son las piezas más representativas de la cultura maya y a través de ellas conocemos la sociedad que las creó.

Pero en artesanía, destaca por su fama mundial el *barro negro*, en Oaxaca, fabricado con un barro especial. Con él se hacen vasijas, floreros y cántaros.

B En Perú es conocida la cerámica *moche* y *nazca*.

En la cultura Moche, la cerámica es el más conocido legado cultural. En sus vajillas o imágenes se representan momentos de su vida cotidiana y de sus rituales religiosos.

La cerámica nazca se caracteriza por la calidad de sus vajillas, sus colores y los diferentes temas.

c La artesanía textil constituye la expresión más genuina y el sustento de vida para muchos habitantes de Guatemala, país de Centroamérica.

Con una gran vocación al bordado, las comunidades mayas de este país se dedican a la producción de artesanías textiles que van desde sus tradicionales huipiles y cortes (faldas), pasando por una variadísima diversidad de bolsos, mochilas, hasta las más bellas mantas, colchas, mantelería, bufandas, etc.

No debemos olvidar que en esta región es donde más se trabaja el jade, piedra nacional.

c España es un país donde aún se trabaja la artesanía hecha a mano: cerámicas, joyería, bordados y, en especial, el cuero. El trabajo del cuero (piel de los animales) viene de tiempos remotos en España, relacionado con las vestimentas, fabricación de tiendas, herramientas, encuadernación de libros, etc. Los centros más destacados a esta dedicación se localiza en el sur y este de España. En el sur destacan Ubrique o Valverde del Camino, lugares dedicados a la fabricación predominantemente de bolsos, mochilas, botas...

En el este encontramos Valencia o Alicante, máximos productores de calzado de piel en España; convirtiendo al país en el segundo productor de calzado de Europa.

4. Con la información que obtuviste de los distintos compañeros, indica de qué país son los siguientes productos de artesanía.

5. Escucha a una persona hablar sobre la artesanía de su país y completa estos datos en tu [2] cuaderno.

País de origen	Tipos de artesanías	Lugares donde tienen lugar

6. Busca información en Internet sobre la artesanía en tu país y escribe un texto con la información encontrada. Después habla al resto de la clase sobre el tipo de artesanía encontrado.

Unidad 2

Contenidos funcionales
- Hablar del pasado. Situar una acción anterior a otra en el pasado
- Controlar la comunicación: repetir, preguntar, dudar, resumir, etc.
- Expresar y provocar curiosidad

Contenidos gramaticales
- Revisión de pasados
- Antecopretérito de indicativo: morfología y usos
- Expresiones de curiosidad y sorpresa
- Expresiones de tiempo

Contenidos léxicos
- Experiencias personales
- Biografías
- Anécdotas
- Sueños y pesadillas

Contenidos culturales
- Literatura: Isabel Allende
- Biografía de Agustín Lara
- Argentina: los desaparecidos
- Televisión: el *Show de Cristina*

Nos conocemos

- Momentos en la historia de Latinoamérica y España

Buscando en el **baúl de los recuerdos**

1.1. 👤📖 **Recuerdos del pasado. Escribe los verbos que faltan en la forma adecuada.**

¡Uy!, no **me acordaba** de esta foto. No **la había vuelto a ver** desde que **nos la tomaron** en la escuela, en el anuario del curso. El último día del curso siempre (tomar a nosotros) *nos tomaban* una foto individual y otra con toda la clase.

Recuerdo aquellos años con mucho cariño: la maestra, mis amigas, el **patio** de la escuela… Y lo mejor: el **recreo**, que nos lo pasábamos enterito jugando. Lo que más (gustar a mí) *me gustaba* era el **avioncito** porque (yo/poder) *podía* jugar en cualquier lugar, solo (yo/necesitar) *necesitaba* una piedra, un **gis** para pintar y un lugar en el piso donde dibujarla. También recuerdo que mi papá (regalar a mí) *me regaló* un **trompo** por mi cumpleaños que (él/hacer) *hizo* él mismo; (encantar a mí) *me encantaba* aventarlo una y otra vez.

Mis abuelos (comprar) *compraron* una casa cerca de la escuela. Mi mamá (enfermar) *se enfermó* cuando los médicos (recomendar a ella) *le recomendaron* cambiar de aires, esa misma semana mi papá ya (llevar a ella) *la llevó* al campo. Así que durante casi un año (yo/vivir) *viví* con mis abuelos. Mi abuela (preparar a mí) *me preparaba* unos deliciosos **buñuelos** para cenar. Toda la tarde me la (pasar) *pasaba* en el jardín de la casa: todavía puedo describir cada **rincón** por donde jugaba. Cuando (estar) *estaba* triste me escondía detrás de un **amate** que mi abuelo (plantar) *plantó* años atrás.

¡Cuántos recuerdos! La verdad es que nunca, hasta ahora, (yo/tomar cuenta) *había tomado cuenta* lo que echo de menos aquellos años de mi infancia.

1.1.1. 👤📝 **Ahora, clasifica los verbos en la columna correspondiente.**

Pretérito (Pretérito perfecto simple)	Copretérito (Pretérito imperfecto)	Antecopretérito (Pretérito pluscuamperfecto)
Nos la tomaron	Me acordaba	No la había vuelto a ver

1.1.2. 👥🔍 **Elige cuatro palabras de las resaltadas en el texto, busca su significado y escribe sus definiciones con tus propias palabras. Explícaselas a tu compañero: ¿qué imágenes se corresponden con esas palabras?**

Ejemplo: *-Es un tiempo en la escuela sin clases. Dura unos treinta minutos y es para jugar.*
-¡Ah! Es la imagen número 5.
-Sí, es el recreo.

1.2. 👤 📝 **Ayúdanos a completar este cuadro:**

◇ Antecopretérito (Pretérito pluscuamperfecto)

	Participio pasado regular			Participio pasado irregular			
Yo	**había**	estudiado	(estudiar)	abierto	(abrir)		(hacer)
Tú			(comer)		(morir)		(romper)
Él/ella/usted			(salir)		(volver)		(decir)
Nosotros/as	**habíamos**		(vivir)		(ver)		(descubrir)
Ellos/ellas/ustedes			(ser)		(escribir)		(poner)

> **España:** *Vosotros/as habéis vuelto*   **Argentina:** *Vos habías vuelto*

1.2.1. 👥 📝 **A continuación tienes algunos usos del antecopretérito. Fíjate en los ejemplos. ¿Puedes buscar en el texto anterior (1.1.) un ejemplo para cada uso?**

◇

- **Expresar una acción pasada** anterior a otra acción pasada también.
  Ya me lo habían contado, por eso no me sorprendió
  Cuando llegamos a casa, mis padres ya se habían ido.

- **Expresar una acción posterior** a la del verbo principal, pero con la idea de inmediatez o rapidez de su ejecución.
  Le pedí un favor, y al rato ya me lo había hecho.
  Compré una televisión el lunes, y el martes ya me la habían entregado en casa.

- **Contar algo que se hace por primera vez** justo en ese momento.
  Nunca, hasta ahora, había comido lentejas a la menta.
  Nunca había conocido a alguien tan educado y correcto.

1.3. 👥 💬 **Eres un <u>chismoso</u> y quieres enterarte de la vida de tu compañero. Es un personaje famoso (cantante, actor, etc.) que oculta un oscuro pasado. Esta es tu oportunidad. Pregúntale todo aquello que quieras saber y toma notas. Sorpréndete con lo que te va contando. Puedes utilizar expresiones como:**

> **España:** *el/la cotilla*

- ¡No me digas! • ¿De verdad? •
  • ¡Madre mía! • ¡Híjole! •
  • ¡No me lo puedo creer! •
  • ¡Cuéntame, cuéntame! •
  • ¡Genial! • ¡Qué curioso! •
- ¡Nunca había oído nada parecido! •
  • ¡Qué bueno! • ¡Qué divertido! •
- ¡Quiero saberlo todo con lujo de detalles! •
  • ¡No te olvides de nada! •

> **Argentina:** *¡genial!, ¡bárbaro!*

2 Un poco de **literatura**

2.1. ¿Saben cómo se llama esta escritora? ¿Conocen o leyeron algún libro suyo? ¿De qué se trata?

2.1.1. Aquí tienen varios libros escritos por ella. Relacionen el resumen de cada libro con su portadilla.

a. Veintitrés relatos de amor y violencia unidos por un fino hilo narrativo y un rico lenguaje.

b. La historia reciente de la vida de la autora y la de su familia, una casa abierta, llena de gente y de personajes literarios, hijas perdidas, nietos, éxitos y dolores… También es una historia de amor entre un hombre y una mujer maduros.

c. Un libro conmovedor e íntimo. Su hija entró en estado de coma y junto a su cama, Isabel Allende comenzó a redactar la historia de su familia y de sí misma para regalársela después.

d. Se narra la saga de una poderosa familia a lo largo de cuatro generaciones y sigue los movimientos sociales y políticos del período en el que vive Chile. Inspirada en sus recuerdos de infancia en la vieja casona de sus abuelos. Fue llevada al cine y protagonizada, entre otros, por Jerermy Irons, Meryl Streep, Winona Ryder y Antonio Banderas.

e. Narrada por una joven mujer, es una novela histórica, situada a finales del siglo XIX en Chile, y trata de una portentosa saga familiar en la que reencontramos algunos personajes de *La casa de los espíritus.*

2.2. Aquí tienen un fragmento de la obra *La casa de los espíritus.* Antes de leerlo intenten encontrar el sinónimo de las siguientes palabras que aparecen en el texto.

evocar •	• retrato
nítido/a •	• alegría
daguerrotipo •	• momificado/a
bastar •	• recordar
filibustero •	• chocar
asomar •	• claro/a
regocijo •	• aventurero, pirata
atocharse •	• animales
embalsamado/a •	• sobresalir un poco
tropezar •	• ser suficiente
bichos •	• llenarse
remoto/a •	• lejano/a

Hacía un par de años que Clara no veía a su tío Marcos, pero lo recordaba muy bien. Era la única imagen perfectamente nítida de su infancia y para evocarla no necesitaba consultar el daguerrotipo del salón, donde aparecía vestido de explorador, apoyado en una escopeta de dos cañones de modelo antiguo, con el pie derecho sobre el cuello de un tigre de Malasia.(...)

A Clara le bastaba cerrar los ojos para ver a su tío en carne y hueso, curtido por las inclemencias de todos los climas del planeta, flaco, con unos bigotes de filibustero, entre los cuales asomaba su extraña sonrisa de dientes de tiburón. Parecía imposible que estuviera dentro de ese cajón negro en el centro del patio.

En cada visita que hizo Marcos al hogar de su hermana Nívea, se quedó por varios meses, provocando el regocijo de los sobrinos, especialmente de Clara, y una tormenta en la que el orden doméstico perdía su horizonte. La casa se atochaba de baúles, animales embalsamados, lanzas de indios, bultos de marinero. Por todos lados la gente andaba tropezando con sus bártulos inauditos, aparecían bichos nunca vistos, que habían hecho el viaje desde tierras remotas, para terminar aplastados bajo la escoba implacable de la Nana en cualquier rincón de la casa. (...)

Clara recordaba perfectamente, a pesar de que entonces era muy pequeña, la primera vez que su tío Marcos llegó a la casa de regreso de uno de sus viajes. Se instaló como si fuera a quedarse para siempre. (...)

2.2.1. Ahora, elige la opción correcta de las siguientes afirmaciones:

1. La historia se cuenta a través de los recuerdos de...

☐ *a.* la sobrina de Marcos.

☐ *b.* el padre de la familia.

2. Cuando empieza el relato, Clara no había visto a su tío...

☐ *a.* desde hace tiempo.

☐ *b.* nunca.

3. Nana era...

☐ *a.* la hermana de Marcos.

☐ *b.* la asistenta de la familia.

4. La profesión de Marcos era...

☐ *a.* vendedor de pieles.

☐ *b.* explorador.

5. Siempre que Marcos iba a casa...

☐ *a.* se quedaba unos días.

☐ *b.* llevaba grandes equipajes.

6. Cuando se cuenta el relato...

☐ *a.* Marcos había muerto.

☐ *b.* Marcos había vuelto a visitarles.

2.3. Fíjate en estas tres frases del texto, di el tiempo verbal que utilizan y explica su uso.

1. En cada visita que **hizo** Marcos al hogar de su hermana Nívea, **se quedó** por varios meses.

2. *Aparecían* bichos nunca vistos, que **habían hecho** el viaje desde tierras remotas.

3. Clara *recordaba* perfectamente, a pesar de que entonces *era* muy pequeña, la primera vez que su tío Marcos **llegó** a la casa.

3 Va de **música**

3.1. 👥 🔍 **Estas fotos son representativas de la vida del famoso músico mexicano Agustín Lara. Con los datos que les transmiten estas fotos, inventen su biografía.**

VERACRUZ

3.1.1. 👤 🎧 **Ahora, escucha con atención y compara tu versión con la real. Corrige los datos [3] que no coincidan.**

1. *¿Dónde nació?*...

2. *¿A qué edad demostró habilidad para el piano?* ....

3. *Es concertista de...* ....

4. *¿En qué está caracterizada "La Hora Íntima de Agustín Lara"?* ....

5. *¿Dónde recibe numerosos homenajes?*...

6. *¿Cuándo y dónde murió?* ....

Fíjate: el texto de la audición está en presente. Se llama *presente histórico* y se usa para hablar con mayor expresividad de hechos que sucedieron en el pasado.

Ejemplo: *El Ejército Zapatista de Liberación Nacional, en México, inicia una rebelión armada en Chiapas en 1994.*

3.2. 👤 📝 **Ahora te toca a ti. Cuéntanos tu biografía hasta el momento, o la de alguien a quien conozcas muy bien.**

4.1. Observa estas viñetas y cuéntanos el primer día de escuela de Manuel.

4.1.1. Ahora, escribe esta historia utilizando los nexos que aparecen en el siguiente cuadro.

Ejemplo: *Era el primer día de escuela, **por eso** Manuel se levantó antes de lo habitual...*

- **Consecuencia:** por eso, por tanto, por esta razón, por este motivo...
- **Causa:** como, porque, es que...
- **Tiempo:** cuando, al cabo de, después (de), antes (de), en ese momento...
- **Ideas casi contrarias:** pero, sin embargo...
- **Simultaneidad:** mientras, al mismo tiempo...
- **Organizar por partes:** por un lado... por otro (lado), primeramente/en primer lugar... en segundo (lugar), finalmente/al final...

4.2. Escucha y corrige la siguiente información.

[4]

1. *Cuando estaba en la universidad siempre tenía mucho que leer, pero, por suerte, pocos exámenes.*
2. *Los años que pasé allí fueron muy aburridos porque nunca pasaba nada.*
3. *Tardé mucho tiempo en encontrar trabajo después de terminar la carrera.*
4. *He cambiado de empresa varias veces.*
5. *Gertrudis y yo nos llevábamos muy mal, pero al final nos enamoramos.*
6. *Tuvimos un noviazgo muy largo.*
7. *Nuestra boda fue un acontecimiento familiar. La celebramos en Querétaro.*
8. *Siempre se me había considerado una persona poco formal.*

4.3. 👤✏️ Une las frases de las columnas de forma que tengan sentido.

1 Había comenzado a nevar •	• **a** después de salir del trabajo.
2 Viajé hasta Guadalajara •	• **b** pero ya estaba despierto.
3 Conocí a Sandra •	• **c** cuando todavía era una niña.
4 Decidí hacer el doctorado •	• **d** después de terminar la carrera.
5 Sonó el despertador •	• **e** cuando eran las 24:00.
6 Fuimos al parque •	• **f** cuando había amanecido.
7 Regresé a mi casa a las 10:00 •	• **g** pero no había anochecido.
8 Me acosté •	• **h** porque estaba cansado.
9 Llamaron por teléfono •	• **i** por eso volvimos a casa.

4.3.1. 👫💬 Ahora, compáralas con las de tus compañeros.

4.3.2. 👥💬 Escoge una de las frases completa de antes y, a partir de ella, invéntate una pequeña historia, pero antes de contarla, organiza tus ideas.

5 Desaparecidos

5.1. 👫💬 ¿Qué te sugieren estas fotos? ¿Las relacionas con algún acontecimiento del pasado argentino? Coméntalo con tus compañeros.

5.2. Ahora, lee este texto.

En Argentina, un 24 de marzo de 1976, un golpe militar destituyó a la entonces Presidenta Constitucional, María Estela Martínez, viuda de Perón, más conocida como Isabelita. Una junta militar tomó el poder y lanzó una sistemática e implacable persecución y captura de militantes políticos, activistas sociales y ciudadanos que ejercían sus derechos constitucionales, que fueron eliminados sin saber aún hoy su paradero: los desaparecidos. Para miles de familias argentinas, esta palabra se convirtió en símbolo de una prolongada y dolorosa pesadilla.

Durante años, sucesivos dictadores militares sepultaron la memoria de miles de argentinos. Con el retorno de la democracia, en 1983, los gobiernos argentinos no reconocieron la tragedia que habían vivido los familiares y amigos de las víctimas. Tan solo la voz de un grupo de mujeres, madres y abuelas, se hizo escuchar reclamando saber el destino de sus hijos y nietos, algunos de ellos aún sin nacer, mientras se gestaban.

En medio del horror y de la barbarie, ellas se fueron levantando, encontrando y reconociendo. Dándose mutuos consejos, ideas y fuerza, comprendieron rápidamente que la lucha individual no daba resultado y decidieron trabajar juntas y organizadamente. Es así como el 30 de abril de 1977 hacen su primera aparición en la Plaza de Mayo que luego les daría el nombre y pasaría a ser de ellas para siempre.

Su amor claro y justo fue de una valentía tal que los propios verdugos se sorprendieron y creyeron que las fuerzas de estas mujeres se acabarían pronto; las llamaron "las locas". Las amenazaron, las golpearon, las persiguieron, y hasta secuestraron a algunas de ellas; pero la lucha iniciada siguió creciendo firme, coherentemente y sobrevivió a la misma dictadura.

Cuando ya en democracia se decidió poner "Punto Final", y correr la cortina de la impunidad sobre los delitos de lesa humanidad cometidos, las Madres no cayeron en trampas ni se dejaron engañar o comprar con indemnizaciones, homenajes o monumentos y les dijeron al país y al mundo que la vida no tiene precio y que la dignidad no es atributo de los corruptos.

Adaptado de www.bolina.hsb.se/isidor-o-diessler/historia.htm

5.2.1. Define estos términos con tus propias palabras. Puedes usar el diccionario.

- Golpe militar
- Activistas sociales
- Paradero
- Retorno
- Atributo
- Lucha
- Verdugos
- Tomar el poder
- Sepultar la memoria
- Hacerse escuchar
- Gestarse
- Correr la cortina
- Caer en la trampa
- Dejarse engañar

5.2.2. Ahora que tienen más información, entre todos comenten este doloroso acontecimiento. ¿Qué les parece la iniciativa de las Madres de Plaza de Mayo?

5.3. Escucha cómo se conocieron las primeras catorce Madres de Plaza de Mayo y [5] contesta a las preguntas que se hacen a continuación.

1. ¿Cuándo surgió la idea de juntarse?

2. ¿Por qué decidieron unirse?

3. ¿Cómo se llamaba el general que presidía la Junta Militar en aquel momento?

4. ¿Por qué eligieron reunirse en la Plaza de Mayo?

5. ¿Qué día de la semana y a qué hora acordaron reunirse? ¿Por qué?

6. ¿Qué simboliza la pirámide que hay en la plaza?

7. ¿Cuándo se dieron a conocer internacionalmente?

5.4.   **Escucha la canción de Rubén Blades en la que se habla de cuatro desaparecidos y señala las estrofas en donde se describe a cada uno y a las personas que los buscan.**

[6]

Desapariciones
Letra y música: Rubén Blades

Que alguien me diga si han visto a mi esposo,
preguntaba la Doña.
Se llama Ernesto X, tiene cuarenta años,
trabaja de celador, en un negocio de carros,
llevaba camisa oscura y pantalón claro.
Salió anoche y no ha regresado,
y no sé ya qué pensar.
Pues esto antes no me había pasado.
Llevo tres días
buscando a mi hermana,
se llama Altagracia,
igual que la abuela,
salió del trabajo pa´ la escuela,
llevaba unos jeans y una camisa clara,
no ha sido el novio, el tipo está en su casa,
no saben de ella en la PSN ni en el hospital.
Que alguien me diga si han visto a mi hijo,
es estudiante de pre-medicina,
se llama Agustín y es un buen muchacho,
a veces es terco cuando opina,
lo han detenido, no sé qué fuerza,
pantalón claro, camisa a rayas,
pasó anteayer.
Adónde van los desaparecidos,
busca en el agua y en los matorrales,
y por qué es que se desaparecen,
por qué no todos somos iguales.

Y cuándo vuelve el desaparecido,
cada vez que lo trae el pensamiento,
cómo se le habla al desaparecido,
con la emoción apretando por dentro.
Clara, Clara, Clara Quiñones se llama mi madre,
ella es, ella es un alma de Dios,
no se mete con nadie.
Y se la han llevado de testigo
por un asunto que es nada más conmigo,
y fue a entregarme hoy por la tarde
y ahora dicen que no saben quién se la llevó del cuartel.
Anoche escuché varias explosiones,
patún, pata, patún, pete,
tiro de escopeta y de revólver,
carros acelerados, frenos, gritos,
eco de botas en la calle,
toque de puertas por dioses, platos rotos,
estaban dando la telenovela
por eso nadie miró pa' fuera.
Adónde van los desaparecidos,
busca en el agua y en los matorrales,
y por qué es que se desaparecen,
por qué no todos somos iguales.
Y cuándo vuelve el desaparecido,
cada vez que lo trae el pensamiento,
cómo se le habla al desaparecido,
con la emoción apretando por dentro.

5.4.1. **Observa estas fotos de personas desaparecidas en la misma situación y describiéndolas sigue la canción.**

Mónica María Candelaria Mignone
24 años. Psicopedagoga en el Hospital Piñeiro (Buenos Aires).

Desaparecida el 14 de mayo de 1976, cuando a las cinco de la mañana un grupo de hombres entró en el departamento de la familia.

José Aguilar Bracesco
21 años. Estudiante de Historia.

Desaparecido el 18 de mayo de 1976 en Córdoba. No hay testimonio de su paso por un Campo de Concentración.

Autoevaluación

1. **Apunta todas las palabras nuevas que conociste en esta unidad y sus significados.**

2. **¿Qué estructuras gramaticales aprendiste?**

3. **¿Para qué sirve lo que aprendiste?**

4. **¿Qué cosas hiciste solo y qué cosas hiciste en grupo?**

5. **¿Qué información interesante descubriste?**

MOMENTOS EN LA HISTORIA DE LATINOAMÉRICA Y ESPAÑA

1. Fíjate en estos momentos de la historia de Latinoamérica y España, y habla con tu compañero. ¿Qué saben sobre ellos?

Salvador

1. Golpe de Estado y asesinato del presidente Allende.

2. Guerra del Chaco.

3. La Guerra de las Malvinas.

4. Guerra Civil y dictadura de Franco.

5. Revolución cubana.

6. Inicio de la Revolución mexicana.

1.1. ¿A qué dos hechos corresponden estas imágenes?

1. ....

2. ....

1.1.1. ¿Qué palabra se repite en los dos momentos históricos? Lee las siguientes definiciones y elige la que mejor represente ese acontecimiento.

a. Cambio de gobierno votado por el pueblo en unas elecciones. .... ☐

b. Acción de agitarse para provocar un cambio violento en las instituciones políticas, sociales, etc. de un país. .... ☐

c. Acción de protesta ante una situación política, social, etc. que quiere cambiarse. .... ☐

1.1.2. Elige una de estas palabras, averigua su significado y escribe dos definiciones (una de ellas falsa). Tu compañero debe adivinar cuál es la correcta.

Censura   Alzamiento   Rendirse   Guerra civil

a. ....

b. ....

2. ¿Dónde y cuándo ocurrieron los acontecimientos de la actividad 1? Por parejas, lean los textos que tienen en su recuadro (A o B) y completen la tabla. Pregunten al compañero sobre los acontecimientos de los que no tienen información.

ALUMNO A

La Guerra de las Malvinas se originó cuando Argentina, en 1982, ocupó militarmente estas islas en poder del gobierno británico. Inglaterra movilizó su fuerza militar con el apoyo de EE. UU. y las tropas argentinas se rindieron dos meses y medio después. En el año 1990 empezaron de nuevo las relaciones diplomáticas entre los dos países.

El presidente Salvador Allende, elegido democráticamente por el pueblo de Chile fue asesinado en 1973 en el Golpe de Estado liderado por el general Augusto Pinochet, quien gobernó los siguientes 15 años.

Fidel Castro lideró la revolución que en el año 1959 acabó con la dictadura de Fulgencio Batista. Ernesto "Che" Guevara, que murió ocho años después de la victoria de la revolución, fue la mano derecha de Fidel en la lucha.

	LUGAR	AÑO
1		
2		
3		
4		
5		
6		

ALUMNO B

La Guerra del Chaco surgió entre Bolivia y Paraguay por la posibilidad de encontrar petróleo en esa zona, que no tenía fijados unos límites territoriales. El conflicto terminó tres años después, en 1935, cuando se firmó en Argentina un protocolo en el que Paraguay quedó como dueño de esa zona y se fijó la frontera que actualmente separa estos dos países.

En el año 1910 comenzó la Revolución mexicana, que surgió por la lucha de los campesinos en defensa de las tierras y de una reforma agraria. Francisco "Pancho" Villa y Emiliano Zapata (asesinado en 1919) fueron sus dos líderes famosos.

En 1936, hubo un alzamiento militar liderado por el general Francisco Franco contra la II República española. En ese momento empezó la Guerra Civil, que duró tres años y tras la cual, España quedó bajo la dictadura de Franco hasta 1975.

	LUGAR	AÑO
1		
2		
3		
4		
5		
6		

2.1. 📱 📖 Especifica la fecha y ordena cronológicamente los siguientes acontecimientos.

a. Comienzo de la guerra del Chaco.
b. Muerte de Ernesto "Che" Guevara.
c. Reanudación de las relaciones entre Argentina e Inglaterra.

d. Finalización de la dictadura de Franco.
e. Año en el que empezó a gobernar Pinochet.
f. Muerte de Emiliano Zapata.

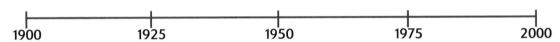

1900   1925   1950   1975   2000

3. 👥 🎧 [7] Vas a escuchar a un periodista hablando sobre otro hecho histórico importante. Subraya la opción correcta y comprueba las respuestas con tu compañero.

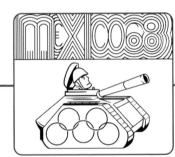

- El acontecimiento ocurrió en México en el año **98/<u>68</u>**.
- El periodista había empezado a trabajar **hacía poco tiempo/ese mismo año**.
- Las autoridades **censuraron/no censuraron** la información.
- Hoy **ya/todavía** no se sabe el número exacto de fallecidos.
- Todo empezó con una pelea entre estudiantes **del IPN y del CNH/del IPN y de la UNAM**.
- La manifestación en la Plaza de las Tres Culturas fue el **2/12** de octubre.
- Durante los Juegos Olímpicos **siguieron/pararon** las manifestaciones y protestas.

3.1. ¿Qué otro acontecimiento aparece representado en la imagen que acompañó la protesta de los hechos ocurridos en México del 68? ¿Con qué intención?

4. 📱 📝 También existen lemas para reivindicar protestas, revoluciones, manifestaciones, etc. Relaciona estos famosos lemas con el suceso al que corresponden.

☐ a. Madres Plaza de Mayo
☐ b. Revolución cubana
☐ c. Revolución mexicana
☐ d. México del 68

1. Tierra y Libertad
2. Ni olvido, ni perdón
3. ¡Patria o muerte!
4. ¡Libertad, libertad! Nuestros hijos, ¿dónde están?

4.1. 👥 📝 ¿Qué otros acontecimientos importantes en la historia de Latinoamérica conocen? ¿Y de su país? ¿Tienen algún lema o imagen?

3 Unidad

Contenidos funcionales
- Conceder permiso
- Convencer, atraer la atención y animar a la acción. Persuadir
- Dar instrucciones
- Dar consejos, recomendaciones y soluciones
- Dar órdenes
- Ofrecer algo
- Mostrar desacuerdo

Contenidos gramaticales
- Imperativo negativo regular e irregular
- Imperativo + pronombres
- Imperativos fosilizados:
  - *Ándale*
  - *Vamos*
  - *Mira*

Contenidos léxicos
- En el gimnasio
- Léxico del cuerpo: verbos de movimiento corporal

Contenidos culturales
- El *Feng Shui*
- Literatura: Mario Benedetti
- *La bilirrubina* de Juan Luis Guerra
- Español de Argentina y España: el imperativo

Nos conocemos
- Productos de la tierra

1 Imperativamente

1.1. 🧑 📖 **Aquí tienes diferentes mensajes; relaciónalos con lo que comunican.**

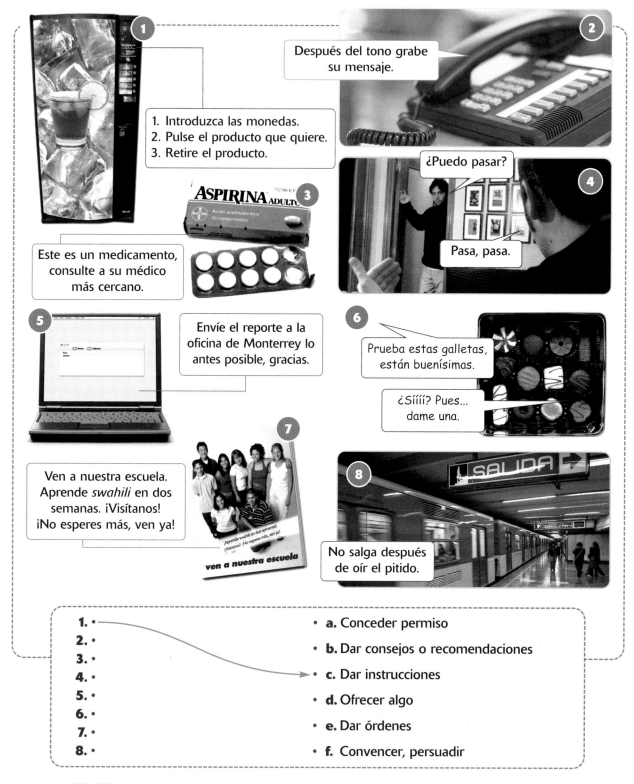

1 1. Introduzca las monedas.
2. Pulse el producto que quiere.
3. Retire el producto.

2 Después del tono grabe su mensaje.

3 Este es un medicamento, consulte a su médico más cercano.

ASPIRINA ADULT
Ácido acetilsalicílico
20 comprimidos

4 ¿Puedo pasar?
Pasa, pasa.

5 Envíe el reporte a la oficina de Monterrey lo antes posible, gracias.

6 Prueba estas galletas, están buenísimas.
¿Síííí? Pues... dame una.

7 Ven a nuestra escuela. Aprende *swahili* en dos semanas. ¡Visítanos! ¡No esperes más, ven ya!

ven a nuestra escuela

8 SALIDA
No salga después de oír el pitido.

1. •
2. •
3. •
4. •
5. •
6. •
7. •
8. •

- **a.** Conceder permiso
- **b.** Dar consejos o recomendaciones
- **c.** Dar instrucciones
- **d.** Ofrecer algo
- **e.** Dar órdenes
- **f.** Convencer, persuadir

1.1.1. 👥 💬 **Ahora, con tu compañero, piensen dónde vieron mensajes parecidos.**

Ejemplo: *El número ocho lo vi en el vagón del metro, ¿y tú?*

2.1. ⠿ 🗨 Como vieron, el imperativo tiene muchas funciones en español. ¿Qué función o funciones se aplican en la publicidad?

2.1.1. 👫 📖 Lee los anuncios que tienes a continuación y, con tu compañero, decide:

1. ¿Qué tipo de información dan?
2. ¿A qué tipo de cliente se dirigen?
3. ¿Crees que son originales? ¿Por qué?

Relájese y **conduzca** un auto de verdad

Entre en un mundo de nuevas sensaciones. Sienta la conducción como una experiencia completamente nueva. Disfrute de un nivel de equipamiento y seguridad inéditos en su categoría. Disponga de un sistema de asistencia telemática que se adelanta a su tiempo. Si lo que le gusta es conducir a bordo de un vehículo con inmejorables prestaciones...

CUÍDATE

come sano
bebe agua
haz ejercicio
no fumes y...

COME FRUTA DE MÉXICO

NO DEJES DE VISITARNOS

¡CONÓCENOS!
Yucatán

ⓘ

- Para **convencer**, usamos **imperativo**:

  Cómprese *este carro.*

- Para **atraer la atención** y **animar a la acción**, además del imperativo, hay otras expresiones que ayudan a convencer:

  – *Hazme/Hágame caso* + imperativo + (hombre/mujer/señor/señora).

  Hágame caso, compre *este carro,* **hombre,** *es el mejor.*

  – *Mira/Mire* + información para convencer.

  Mira, *este carro tiene aire acondicionado.*

  – *Ándale* + (imperativo).

  Ándale, *cómprate este carro.*

  – *Vamos* + (imperativo).

  Vamos, *cómpratelo.*

- Para **atraer la atención sobre un detalle** o **una parte de la información**, usamos:

  – *Fíjate/Fíjese que...*

  Fíjese que *este carro es el único de color pastel.*

> **Órale:** estar de acuerdo, darse prisa. También expresa asombro.
> **Ándale:** exactamente, así es, date prisa.

> **Argentina:** *¡Dale!*

2.1.2. 👤 📝 **Señala y escribe los imperativos de los anuncios y di la persona y el infinitivo.**

1. ....
2. ....
3. ....

En los mensajes del principio y en los anuncios encontraste el imperativo en forma afirmativa y negativa. Fíjate cómo cambia la forma.

Imperativo negativo

La forma del imperativo negativo es diferente de la del imperativo afirmativo en la persona **tú**.

	verbos en -AR		verbos en -ER		verbos en -IR	
Tú	habl**a**	no habl**es**	com**e**	no com**as**	escrib**e**	no escrib**as**
Usted	habl**e**	no habl**e**	com**a**	no com**a**	escrib**a**	no escrib**a**
Ustedes	habl**en**	no habl**en**	com**an**	no com**an**	escrib**an**	no escrib**an**

España: Vosotros/as *hablad - no habléis, comed - no comáis, escribid - no escribáis*

Argentina: Vos *hablá - no hablés, comé - no comás, escribí - no escribás*

Si quieres aprender rápido el imperativo negativo, solamente tienes que saber la forma del imperativo afirmativo de **usted** y añadir una **-s** para tú.

Usted ➜ *coma + **s*** ➜ *(tú) no coma**s***

Usted	Tú
trabaje más	*no trabaje-**s***
venda más	*no venda-**s***
abra pronto	*no abra-**s***

2.2. 👤 📝 **La agencia de publicidad "PUBLORIGINAL" quiere ser demasiado original y te pide que transformes estas frases cambiando los verbos al imperativo negativo. ¡El resultado a veces es un poco extraño, pero ellos son los jefes!**

1. Habla con tu agencia, es mejor

2. Coman sano con Frutisa

3. Viva en el centro de Querétaro

4. Escribe a tus amigos con pluma "Lince"

5. Escuchen buena música con los audífonos "Sonac"

6. Lee con lentes "Optimás"

7. Viajen con "Master Pard"

8. Abran los ojos en Guanajuato

9. Entren en el maravilloso mundo de Sara

10. Compara y compra en nuestra tienda

2.3. 👤 📝 **Los verbos que cambian sus vocales** *e > ie, e > i* **y** *o > ue* **en el presente de indicativo también lo hacen en el imperativo. Completa los cuadros.**

	cerrar		volver		pedir	
Tú	cierra	no [ ]	[ ]	no vuelvas	pide	no [ ]
Usted	[ ]	no cierre	[ ]	no [ ]	pida	no [ ]
Ustedes	[ ]	no [ ]	[ ]	no vuelvan	[ ]	no [ ]

2.3.1. 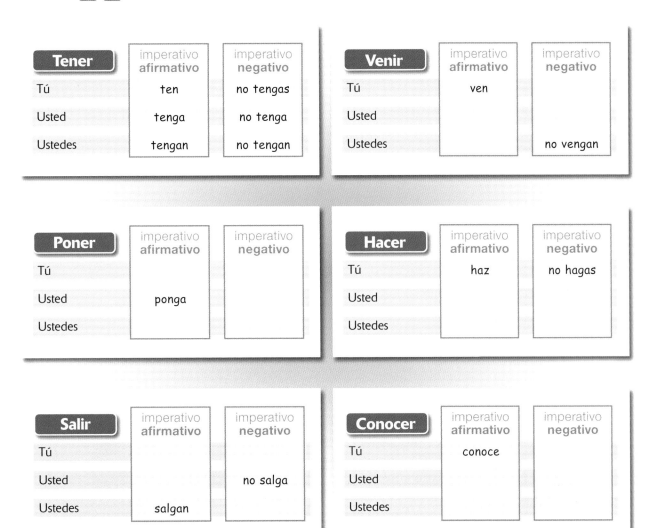 Fíjate en el verbo *tener*. ¿Puedes completar los otros verbos?

Tener	imperativo afirmativo	imperativo negativo
Tú	ten	no tengas
Usted	tenga	no tenga
Ustedes	tengan	no tengan

Venir	imperativo afirmativo	imperativo negativo
Tú	ven	
Usted		
Ustedes		no vengan

Poner	imperativo afirmativo	imperativo negativo
Tú		
Usted	ponga	
Ustedes		

Hacer	imperativo afirmativo	imperativo negativo
Tú	haz	no hagas
Usted		
Ustedes		

Salir	imperativo afirmativo	imperativo negativo
Tú		
Usted		no salga
Ustedes	salgan	

Conocer	imperativo afirmativo	imperativo negativo
Tú	conoce	
Usted		
Ustedes		

2.3.2. Completa:

Los verbos que son irregulares solo en .... del presente de indicativo, verbos en **-acer**, **-ecer**, **-ocer**, **-ucir**, como **nacer**, **parecer, conocer, conducir** forman el imperativo negativo a partir de la 1.ª persona del singular. También los verbos: TENER, ..., PONER, HACER y ....

2.3.3. Otros verbos irregulares:

ir	
ve	no ....
vaya	no vaya
vayan	no ....

ser	
sé	no seas
sea	no ....
sean	no sean

estar	
está	no ....
esté	no ....
estén	no estén

En el **imperativo afirmativo** los pronombres van pospuestos al verbo y unidos a él. Sin embargo, en el **imperativo negativo** van delante del verbo y separados:

Ejemplo: *Imperativo afirmativo*   *Imperativo negativo*

· *Levánta**te***   *No **te** levantes*

· *Da**le** el examen*   *No **le** des el examen*

2.4. Pon estas frases en negativo y cambia las expresiones de tiempo por otras. Usa, cuando puedas, los pronombres objeto:

1. *Dale el regalo mañana.* .... No le des el regalo mañana, dáselo ahora. ....

2. *¿El ejercicio? Corríjanlo ahora.* ....

3. *Espérame a las dos en la puerta.* ....

4. *¿La película? Ve a verla esta noche al cine Foro.* ....

5. *Dale los 50 pesos ahora mismo.* ....

6. *Levántense pronto.* ....

7. *¿La falda? Cómprala esta tarde.* ....

8. *Llévate el paraguas el jueves.* ....

9. *Báñense mañana con agua fría.* ....

10. *Llámalo otro día.* ....

2.4.1. Ahora, con tu compañero, piensa en lo que quieren comunicar las frases del ejercicio anterior.

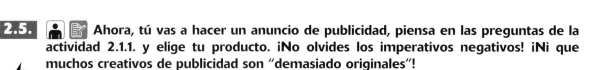

La frase 1, si se pronuncia enérgicamente, puede expresar una orden, ¿no?

2.5. Ahora, tú vas a hacer un anuncio de publicidad, piensa en las preguntas de la actividad 2.1.1. y elige tu producto. ¡No olvides los imperativos negativos! ¡Ni que muchos creativos de publicidad son "demasiado originales"!

3.1. Fíjate en estos consejos para cuidar tus pies. Discute con tus compañeros qué consejos darías para cuidar otra parte del cuerpo. Escríbelos.

trucos para mimar los pies

1 Cambie varias veces al día la altura del tacón de los zapatos y no esté de pie mucho tiempo.

2 Su higiene. Empiece por la mañana, cepíllelos con un cepillo de cerda dura.

3 Masajéelos presionando la planta del pie y haciendo circular la sangre hacia las rodillas.

4 Aplíquese a diario una crema hidratante, insistiendo sobre las zonas más duras.

5 Hágase un pedicure cada quince días.

trucos para mimar ....

1 ....
....
....

2 ....
....
....

3 ....
....
....

4 ....
....
....

5 ....
....
....

Texto adaptado de la revista Lecturas

3.2. Vas a leer un artículo sobre el "FENG SHUI", ¿sabes qué es?

FENG SHUI en tu mesa de trabajo

Todos sabemos que para trabajar mejor o para estudiar en buenas condiciones necesitamos estar relajados. ¿Sabes si tu escritorio está rodeado de energía positiva? Para ello, necesitarás conocer algunas nociones de *Feng Shui*, una técnica nacida hace más de 4000 años en China y que se basa en dos principios fundamentales: que somos producto y reflejo de lo que nos rodea, y que todos los lugares y objetos están vivos gracias a una energía vital que se llama *chi*.

El *Feng Shui* puede ayudarte a crear un ambiente más estimulante y armonioso donde estudias o trabajas. No importa si es en una oficina, en una tienda o en tu casa. Uno de los aspectos más importantes es la orientación de la mesa. Aquí te ofrecemos algunas normas básicas.

Nunca coloques el escritorio de forma que la puerta esté detrás de tu espalda: tu atención se dirigirá hacia atrás y eso será negativo para tu concentración. Evita también sentarte muy cerca de una ventana o tenerla a tu espalda. Si no es posible evitar esto, pon plantas en la ventana como protección.

Si la mesa se encuentra entre la puerta de entrada y la ventana, estarás en medio de un movimiento de energía que te hará sentir incómodo: rómpelo colocando una planta, un biombo o una estantería.

Otro punto importante: deja más espacio vacío delante que detrás de ti y no te sientes frente a una esquina o columna, ni debajo de una viga del techo: tendrás dolores de cabeza. Para terminar, es mejor tener la computadora y el teléfono a la derecha.

3.2.1.  Pregunta a tu compañero las palabras que no conoces, también puedes consultar un diccionario o a tu profesor.

3.2.2. Ahora, dile a tu compañero que te explique cómo es su lugar de trabajo o de estudio. Dibújalo en un papel para después, según el *Feng Shui,* recomendarle algunos cambios para que tenga energía positiva en ese espacio.

Ejemplo: *Pon la computadora al otro lado.*

3.3. Escucha a María, que es un poco <u>chillona</u>, y a sus amigos. ¿Qué le pasa a María? [8] ¿Qué le dicen sus amigos?

> ME DUELE MUCHO LA ESPALDA.
>
> ¿POR QUÉ NO VAS CON UN HUESERO? MI MAMÁ CONOCE A UNO MUY BUENO.
>
> YA, ES QUE TODO ME PASA A MÍ, DE VERDAD.
>
> NO... ESO ERA ANTES, AHORA ES MEJOR IR A UN FISIOTERAPEUTA.
>
> ¿Y SI TE VAS A LA ALBERCA A HACER UN POCO DE NATACIÓN?
>
> RELÁJATE, NO SEAS CHILLONA; HAZ MOVIMIENTOS CON LOS BRAZOS EN FORMA DE CÍRCULO, ESTÍRATE, NO SÉ...

ⓘ Para aconsejar y proponer ideas

▶ *¿Por qué no* + presente de indicativo?

▶ *¿Y si* + presente de indicativo?

> **España:** *quejica, llorona*

> **Argentina:** *quejoso*

3.3.1. ¿Tienen algún amigo chillón al que siempre le duele algo? ¿Qué le dicen en esos casos?

3.4. Con tu compañero y la ayuda de un diccionario, relaciona las partes del cuerpo humano con las palabras de la lista.

La cintura •
La nuca •
La planta del pie •
La rodilla •
La barbilla •
Las caderas •
Los codos •
Los hombros •
Los riñones •
Los talones •
Los muslos •
El abdomen •

Algunos músculos:
• Los abdominales
• Los glúteos
• Los pectorales
• Los gemelos

3.4.1. 👥 📝 Ahora, lee los verbos del cuadro y pregunta a tu compañero el significado de los que no conozcas. Pueden consultar un diccionario.

> Mover • Bajar • Girar • Doblar • Levantar
> Contraer • Relajar • Estirar • Acostarse • Repetir

3.4.2. 👥 📖 Estas son las frases favoritas de un profesor de gimnasia. Relacionen cada globo con la característica que lo define. Gana la pareja más rápida.

2.
> Acuéstate.
> No se muevan.
> Levántese/Párese.
> Relájense.
> Báñate.

España: *levántese*

Argentina: *párese*

1.
> No se mueva.
> Vuelve la espalda.
> Cierra las piernas.
> No duermas con la almohada.
> Empieza el ejercicio.

3.
> Haz pesas.
> No vengas rápido.
> Sal del gimnasio.
> Tengan cuidado.
> Pon las manos en la cintura.

- Irregularidad vocálica
- Verbos en *-ar*
- Reflexivos
- Persona *tú*
- Irregularidad total

5.
> Giren la cabeza.
> Levanta la pierna.
> Estira el brazo.
> No bajen la barbilla.
> Relaja los músculos.

4.
> No hables.
> Respira profundamente.
> No fumes.
> Salta a la cuerda.
> Relájate dos minutos.

3.4.3. 👥 💬 Ahora eres tú el profesor de gimnasia. Da instrucciones a tu compañero para hacer ejercicios y verifica que lo hace bien.

> DOBLEN EL BRAZO HACIA LA ESPALDA Y PONGAN LA OTRA MANO EN EL CODO. ¡CUIDADO!, NO ESTIREN MUY FUERTE PORQUE SE PUEDEN LASTIMAR.

3.5. 👤 ❓ Fíjate en los sustantivos de estos verbos de acción y completa el cuadro:

1. Mover .... el movimiento
2. Levantar ...... el ....
3. Estirar .... el ....
4. Relajar .... la relajación
5. Contraer ...... la ....
6. Repetir .... la ....
7. Respirar ...... la ....

3.5.1. 👥 ⓠ Escribe cinco verbos relacionados con la gimnasia y pásaselos a tu compañero para que busque el sustantivo correspondiente.

3.5.2. 👥 📝 Ahora, completen las frases usando las palabras del cuadro:

> inhalación • contracción • estiramiento • movimientos
> relajación • repeticiones • levantamiento

1. Antes de esquiar, es necesario hacer unos ejercicios de ....

2. Haz una .... profunda y relájate.

3. Después de 10 ...., gírate y repite el ejercicio con la otra pierna.

4. A continuación, realiza los .... cambiando de lado.

5. El .... de pesas es un deporte ideal para trabajar los músculos pectorales y los brazos.

6. Después de terminar la tabla de ejercicios, hacemos cinco minutos de ....

7. La .... de los músculos pectorales se consigue juntando los codos.

3.6. 👥 📖 Estos son objetos que pueden encontrarse en un gimnasio. Relacionen la información.

1.
2.
3.
4.
5.
6.
7.

ⓐ Sirve para realizar ejercicios en el piso, sobre todo los famosos abdominales.

ⓑ Después de tu clase de gimnasia, lo mejor es relajarte en ella.

ⓒ Las tienes de diferente peso y sirven para trabajar, por ejemplo, los músculos de los brazos.

ⓓ Sirve para tonificar las piernas; pedaleas y pedaleas, pero no avanzas.

ⓔ Pesa mucho y no sirve para jugar al fútbol, sino para trabajar brazos y para estiramientos de espalda, entre otros.

ⓕ Las tienes en todos los gimnasios, las hay de diferentes clases para trabajar todos los músculos del cuerpo.

ⓖ Igual que con la bicicleta estática, corres y corres, pero no avanzas.

3.6.1. 👥 📝 Ahora, relacionen los objetos con estos verbos (algunos tienen más de una posibilidad).

1. *Andar en* ....
2. *Hacer* ....
3. *Levantar* ....
4. *Caminar en* ....

5. *Agarrar* ....
6. *Subirse a* ....
7. *Acostarse en* ....
8. *Meterse en* ....

3.7. 👥 🌐 **Son tres amigos y están en un gimnasio; escuchen las explicaciones del profesor.**

alumno a

Tienes una serie de dudas y problemas con respecto a tu estado físico y quieres que te aconsejen tus amigos.

- Quieres trabajar los músculos de los brazos.
- Tienes demasiada barriga y estómago.
- Empiezas a tener celulitis en las piernas.
- Cuando corres un poco, tu corazón no aguanta.
- Tienes una contractura en la espalda.
- Tienes la piel un poco mal, con granos no solo en la cara, sino también en la espalda.

ⓘ **Para pedir consejo usa:**

- *¿Qué hago?*
- *¿Qué me aconsejan?*
- *¿Qué es lo mejor?*
- *Denme ideas.*

alumno b

Te encanta dar consejos, siempre tienes ideas, aconseja al **alumno a** y no escuches al alumno c. Recuerda el léxico de las actividades anteriores.

Para **aconsejar** usa:

- Imperativo
- *¿Por qué no* + presente indicativo?
- *¿Y si* + presente indicativo?

alumno c

Te cae muy mal el **alumno b**; aconseja a tu amigo, el **alumno a**, negando todos los consejos que le dé el **alumno b**. Recuerda el léxico de las actividades anteriores.

ⓘ **Para mostrar desacuerdo usa:**

- *¿Cómo crees?*
- *No lo escuches.*
- *No tiene ni idea.*
- *Escúchame a mí.*
- *Imperativo negativo.*

Ejemplo: **alumno a:** *No sé qué hacer, tengo los brazos flácidos.*

alumno b: *¿Por qué no haces levantamiento de pesas? Diez minutos todos los días, por ejemplo.*

alumno c: *¿Cómo crees? No hagas diez minutos, haz veinte por lo menos.*

¡Recuerda!

- con el **imperativo afirmativo** los pronombres van después del verbo y unidos a él.
- con el **imperativo negativo** siempre van delante.

3.8. 👥 🎧 **Escuchen y reaccionen.**
[9]

3.8.1. 👥 **Ahora, uno de ustedes es el que inventa unas instrucciones que los demás deben seguir.**

¡Fíjate!

En español, para expresar condiciones posibles en el futuro usamos:

Si + presente de indicativo

Esta estructura se suele usar cuando damos consejos o recomendaciones.

3.9. 👤📝 **Ahora, haz recomendaciones:**

1. Si sudas mucho *(no usar camisetas de nylon)* Si sudas mucho, no uses camisetas de nylon.

2. Si tienes <u>barriga</u>, ...

3. Si les duelen los riñones, ...

4. Si tiene lastimado el cuello, ...

5. Si tienes mal los huesos, ...

3.10. 👥📝 **Con la ayuda de estas fotos, escribe a tu compañero las instrucciones para realizar estas posturas de yoga.**

> **España:** *barriga, tripa*
>
> **Argentina y México:** *panza*

Ejemplo: *Cierra las piernas, sube los brazos, junta las manos...*

Autoevaluación

1. Piensa y escribe:

Lo más interesante de esta unidad ....

Lo más confuso de esta unidad ....

La actividad más divertida ....

La actividad más complicada ....

2. Imagínate que eres el profesor de gimnasia. Haz una lista de palabras que usarías constantemente en tus clases.

3. ¿Recuerdas para qué sirve en la comunicación el imperativo?

En esta unidad se dedicó una especial atención al léxico; piensa que en el nivel en el que estás tienes que ampliar tu repertorio de palabras, no solo a la hora de reconocerlas, sino a la hora de usarlas cuando hablas o escribes.

PRODUCTOS DE LA TIERRA

1. ⊞ ◎ Muchos alimentos que consumen habitualmente en su dieta son originarios de Latinoamérica. En este recuadro hay **tres** que son originarios de otros continentes. ¿Saben cuáles son?

AGUACATE   CACAO   PAPAS   JITOMATE   CAFÉ

CHILES (AJÍ)   BATATA   MAÍZ   GIRASOL   TRIGO   VAINILLA

MATE   CALABAZA   PAPAYA   FRIJOLES   PIÑA   ARROZ

2. ⊡ ◎ Todos estos alimentos forman parte de su cultura gastronómica. Pero, sobre todo, el producto estrella que no falta en ningún platillo: el chile picante. Lee el siguiente texto y contesta a las preguntas.

Ponga un poco de picante en su vida:
bueno para cuerpo y mente

Los chiles, guindillas o ajíes provienen de Latinoamérica y están en su tradición culinaria. Los podemos ver en un gran número de platillos cocinados de diferentes maneras: fritos, crudos, cocidos, en salsa, etc.

¿Por qué son picosos? Por una sustancia llamada capsaicina que según su concentración les hace más o menos picosos. Existe una escala para medir su picor: la escala Scoville.

Hay muchísimos tipos de chiles con colores, formas y sabores diferentes. Uno de los más conocidos es el **habanero**, que puede ser de varios colores dependiendo de su madurez (verde cuando está inmaduro). Es redondeado y mucho más picoso que el **jalapeño**. Este último se llama también Xalapa, debido a la región de Veracruz donde se produce. No es muy picoso, lo justo, y es un poco alargado y verde. Cuando el jalapeño se seca, se le llama **chipotle** que es un ingrediente común en la comida mexicana. Tampoco es muy picoso, pero si se compara con los secos es uno de los más picosos. Su piel está arrugada y su color es café oscuro. Un poco más picoso que el jalapeño es el **serrano**. Se llama así por el lugar donde se cultiva, aunque también se conoce como chile verde. Es puntiagudo y verde, aunque depende de la maduración también puede ser rojo. Otro tipo es el **pasilla**: se come seco, es casi negro, alargado y arrugado. No es picoso y da al platillo un sabor muy interesante. También está el **pimiento**, que no es nada picoso.

Los chiles tienen muchas propiedades beneficiosas para nuestra salud. Son un alimento rico en vitaminas A y C, hierro y magnesio. Favorecen el consumo de calorías, previenen gripes y reducen el riesgo de ataque cardiaco por sus efectos anticoagulantes. Tienen cualidades antioxidantes que retrasan el envejecimiento. Además, la capsaicina tiene propiedades antiinflamatorias. Diversas investigaciones les atribuyen propiedades que reducen el riesgo de padecer cáncer. La capsaicina tiene un efecto irritante que hace que el cerebro libere endorfinas, los analgésicos naturales causantes del buen humor o la euforia.

a. ¿Cómo se llaman estos chiles? Escribe su nombre.

1. 2. 3. 4. 5. 6.

....

b. Clasifícalos según lo picoso que sean.

c. Marca con una "x" para qué es bueno el chile:

- [ ] Para el corazón
- [ ] Para la tos
- [ ] Para la obesidad
- [ ] Para el buen humor
- [ ] Para el cáncer
- [ ] Para el estómago

3. Habla con tu compañero. ¿Están de acuerdo con la afirmación *"La nutrición afecta nuestra salud, somos lo que comemos"*? ¿Cuidan su alimentación? ¿Conocen las propiedades de los productos que consumen normalmente?

3.1. Remedios caseros. Existen alimentos que son recomendables para diversas molestias o problemas de salud. Relaciona estos alimentos con su remedio.

1. Si tiene acidez estomacal, tome medio vaso de jugo de esta fruta media hora después de comer.
2. Si tiene tos, aplíquese un poco de puré de este tubérculo en el pecho.
3. Si padece artritis, prepare un ungüento caliente con chiles picantes. Póngalo en la zona.
4. Si tiene falta de apetito, prepare un jugo de esta hortaliza apartando las pepitas.

4. Receta picante para subir el ánimo. Completa.

> Freír – Irregular e>i

Salsa Chipotle. Ándale, ¡qué pique!

INGREDIENTES

- 10 serranos o habaneros
- Dos de aceite
- Una de agua
- Media cebolla cortada en
- Cilantro y cebolla cortaditos
- Dos enteros
-

PREPARACIÓN

Caliente el aceite y (añadir) .... los , la cebolla y los . (Freír) .... la mezcla hasta ver los chiles de color café. Después, en una , (echar) .... la y licúe todo. En un , añada la y (poner) .... al gusto. Añada la salsa a cualquier platillo.

Adaptado de *www.mis-recetas.org*

5. Invéntate una receta con alimentos originarios de Latinoamérica y que sirva para una de estas cosas:

Relajarse · Despertase · Enamorarse · Concentrarse · Reconciliarse · Reírse

4

Unidad

Universidad de Guadalajara (México)

Contenidos funcionales

- Expresar deseos
- Reaccionar ante un deseo
- Animar a alguien

Contenidos gramaticales

- Presente de subjuntivo: morfología, regular e irregular
  - *Ojalá*
  - *Espero que*
  - *Deseo que*
  - *Quiero que*

Contenidos léxicos

- Los estudios

Contenidos culturales

- La Universidad de Guadalajara
- El sistema educativo en México
- Literatura: Pablo Neruda

Nos conocemos

- En el mundo se aprende español

Que **sea** lo que Dios **quiera**

1.1. 🧑📖 **Fíjate en las expresiones que hay debajo; las usamos todas para desearle algo a otras personas. Son fórmulas, casi clichés, que aparecen normalmente en situaciones muy determinadas, como las que tienes en las fotografías. ¿Por qué no relacionas cada frase con el contexto correspondiente? Algunas son polivalentes.**

○ Ante un examen, una entrevista de trabajo o cualquier otro tipo de prueba.

○ Ante un día difícil o un trabajo duro.

① A una persona enferma.

○ En Año Nuevo.

○ A alguien que se casa.

○ A alguien que cumple años.

CONTINÚA ⋯⋯⋮⋮

○ A alguien que se va a dormir.

○ A alguien que está comiendo o va a comer.

○ A alguien con quien estás muy enojado.

○ Respuesta a un deseo expresado por otra persona.

○ A alguien que va a empezar una nueva etapa.

○ A alguien que va a ser operado, que va a tener un hijo o que va a pasar por cualquier otra circunstancia que puede tener algún riesgo.

○ A alguien que va a hacer algo gracioso.

○ Ante un viaje.

○ A alguien que sale a divertirse o que va a una fiesta.

1.2. 👤 📝 **¿Lo notaste? En las frases anteriores usamos un tiempo nuevo, se trata del presente de subjuntivo. Sus formas son similares a las del presente de indicativo. Completa la tabla con las formas correspondientes y lo verás.**

presente subjuntivo	presente indicativo	presente subjuntivo	presente indicativo
mejores		den	
cumplas		vaya	voy, va
pases		veas	
tengas	tienes	llegues	
seas		aproveche	
salgas		diviertas	
sueñes			

1.3. 👤 📝 **Algunos de estos verbos, sin embargo, tienen raíces distintas, anótalos aquí abajo:**

┌─────────────┐ ┌─────────────┐ ┌─────────────┐ ┌─────────────┐
└─────────────┘ └─────────────┘ └─────────────┘ └─────────────┘

◆ Presente de subjuntivo regular

El presente de subjuntivo regular se forma con las siguientes terminaciones:

hablar	comer	vivir
hable	coma	viva
hables	comas	vivas
hable	coma	viva
hablemos	comamos	vivamos
hablen	coman	vivan

Por eso sus formas son muy parecidas a las del presente de indicativo, porque se trata solo de cambiar la terminación:

- mejoras ➡ mejores
- corren ➡ corran
- cumples ➡ cumplas

España: *Vosotros/as habléis, comáis, viváis*

Argentina: *Vos hables, comas, vivas*

Presente de subjuntivo irregular

Irregularidades vocálicas

o>ue		e>ie		e>i	
sueño	→ sueñe	pienso	→ piense	pido	→ pida
sueñas	→ sueñes	piensas	→ pienses	pides	→ pidas
sueña	→ sueñe	piensa	→ piense	pide	→ pida
soñamos	→ soñemos	pensamos	→ pensemos	pedimos	→ pidamos
sueñan	→ sueñen	piensan	→ piensen	piden	→ pidan

Irregularidades consonánticas

Los verbos que tienen irregularidades consonánticas en la primera persona del singular del presente de indicativo, en subjuntivo las mantienen en todas las personas:

salgo	→ **salga**	**tengo**	→ **tenga**	**conozco**	→ **conozca**
sales	→ **salgas**	tienes	→ **tengas**	conoces	→ **conozcas**
sale	→ **salga**	tiene	→ **tenga**	conoce	→ **conozca**
salimos	→ **salgamos**	tenemos	→ **tengamos**	conocemos	→ **conozcamos**
salen	→ **salgan**	tienen	→ **tengan**	conocen	→ **conozcan**

Irregularidades propias

ser		haber		dar	
soy	→ sea	he	→ haya	doy	→ dé
eres	→ seas	has	→ hayas	das	→ des
es	→ sea	ha	→ haya	da	→ dé
somos	→ seamos	hemos	→ hayamos	damos	→ demos
son	→ sean	han	→ hayan	dan	→ den

ir		saber		Otras irregularidades i>y	
voy	→ vaya	sé	→ sepa	construyo	→ construya
vas	→ vayas	sabes	→ sepas	construyes	→ construyas
va	→ vaya	sabe	→ sepa	construye	→ construya
vamos	→ vayamos	sabemos	→ sepamos	construimos	→ construyamos
van	→ vayan	saben	→ sepan	construyen	→ construyan

España: *Vosotros/-as soñéis, penséis, pidáis, salgáis, seáis, hayáis, vayáis, sepáis, construyáis*

Argentina: *Vos sueñes, pienses, pidas, salgas, seas, hayas, des, vayas, sepas, construyas*

1.4. 👤 📝 **Completa la siguiente tabla de verbos irregulares en presente de subjuntivo.**

	1.ª persona singular	1.ª persona plural		3.ª persona singular	3.ª persona plural
Poder			Entender		
Querer			Traer		
Saber			Repetir		

	1.ª persona singular	1.ª persona plural
Pedir		
Ir		
Decir		
Venir		
Huir		
Pensar		
Volar		
Salir		
Conocer		

	3.ª persona singular	3.ª persona plural
Traducir		
Contar		
Poner		
Colgar		
Oír		
Conducir		
Ser		
Tener		
Cerrar		

Fíjate en el verbo **dormir**. Como ves, la persona nosotros/a, también son irregulares en presente de subjuntivo. Lo mismo ocurre con el verbo **morir**.

indicativo	subjuntivo
duermo	duerma
duermes	duermas
duerme	duerma
dormimos	durmamos
duermen	duerman

Que **te sea** leve 2

2.1. Lee este breve diálogo:

► Oye, Luis, ¿cuándo son tus exámenes?

▷ Son la semana que viene.

► ¿Estás bien preparado?

▷ En Literatura y en Latín, sí, espero que me vaya bien.

► ¿Y en las demás?

▷ Más o menos...

► ¿Quieres que te ayude con el Inglés?

▷ No, gracias, en esa voy bastante bien.

► Pues, entonces que tengas suerte.

▷ Ojalá, ya te contaré.

2.1.1. Subraya los verbos del diálogo anterior que estén en presente de subjuntivo. Comenta con tu compañero si son regulares o irregulares y, a continuación, subraya también las estructuras en las que se encuentran estos verbos; verás que todas sirven para expresar deseos o esperanzas. Son cuatro, toma nota de ellas a continuación:

1. *Que + verbo en subjuntivo*

2. ....

3. ....

4. ....

ⓘ Expresar deseos

- **Que** + verbo en subjuntivo
  - *Que tengas suerte.*
  - *Que te la pases bien.*

- **Ojalá** + subjuntivo
  - *Ojalá mañana haga buen tiempo.*
  - *Ojalá nos saquemos la lotería.*
  - *Ojalá venga Martha.*

Nota: en lenguaje popular se intercala a veces **que:** *Ojalá* **que** *no llueva.*

Cuando introducimos la frase con un verbo principal *(querer, desear, esperar...)*, pondremos el verbo subordinado en subjuntivo si el sujeto es diferente, y en infinitivo si es el mismo sujeto. Fíjate:

Espero que **vayas**.	*Espero* **ir**.
Carmen desea que **cantes**.	*Carmen desea* **cantar**.
Queremos que nos **escriban**.	*Queremos* **escribirles**.

2.2. 👥 📝 **Transforma estas frases:**

> **España:** *piso, apartamento*

1. *Mañana lloverá* ....Ojalá....................
2. *Juan está contento* ..Espero que...............
3. *Llegarán más tarde* ..Quiero que..............
4. *Tienen tiempo* ..Esperamos que..........
5. *Irás a verle* ..Ojalá......................
6. *Tienes razón* ..Deseo que..............

7. *Cenaremos en mi* _depa_ ..Quiere que..........
8. *Estamos equivocados* ..Ojalá...............
9. *Saldré pronto* ..Espera que............
10. *Lo harán luego* ..Quiero que..........
11. *Vendrá el lunes* ..Ojalá..............
12. *Te lo pediré más tarde* ..Esperas que.........

2.3. 👤 📝 **Piensa un poco y escribe tres cosas que deseas para ti, y otras tres que deseas para otras personas.**

Para mí	Para los demás
....	....
....	....
....	....

2.4. 👤 📖 **Lee el correo electrónico que escribió Mario a un amigo:**

⚫ ⚪ ⚪

➡️ **Enviar**   📎 **Adjuntar**

De: mario@mail.es
Asunto: Examen

Espero que te vaya bien en el examen que tienes mañana y que consigas entrar a esa universidad. Ojalá que me puedas llamar pronto y me digas que ya estás tramitando la inscripción.

También espero que estés más tranquilo que la última vez, y que los nervios no te jueguen una mala pasada; ya sabes que lo más importante es mantener la calma y la concentración.

De mí, poco te puedo contar; solo que entregué hace unos días mi proyecto de tesis al profesor, pero todavía no he recibido respuesta, y que posiblemente me operarán el mes que viene de la rodilla, ya sabes: mi pasión por el fútbol.

Pero hay más; si todo sale bien y encuentro trabajo en alguna academia, y Martha termina la carrera este año, nos compraremos un depa y el año que viene nos casaremos. ¿Qué te parece? Esto sí que es una noticia.

2.4.1. Imagina la respuesta del amigo a Mario y escríbela, expresándole, por supuesto, buenos deseos para su futuro.

Para: mario@mail.es

2.5. Y ahora, ¿por qué no escribes otros breves correos a amigos que están en las situaciones que puedes leer a continuación y les expresas un deseo?

- Hoy es mi cumpleaños.
- Mi tarántula ha muerto.
- Me caso, por fin, con Javier.
- Mi hermano se va de vacaciones a Cuba.
- Esta tarde hago el examen de manejo.
- Mañana empiezo un nuevo trabajo.
- María tuvo un niño esta mañana.

2.6. Reacciona, expresando un deseo, a lo que te cuentan estos amigos:

¿Sabes? Martha y yo vamos a casarnos.

Mañana tengo el examen de latín.

Adiós, que se me va el avión.

Me voy a la cama, que estoy muy cansado.

¡Me voy de vacaciones a Río!

Voy al dentista; tengo un dolor de muelas horrible.

3 | **Quemarse** las pestañas

3.1. 👥 💬 **¿Verdadero o falso? Antes de leer el texto, decide si estas afirmaciones sobre los estudios universitarios en Guadalajara son correctas y discute con tus compañeros cuáles son sus impresiones.**

	Verdadero	Falso
1. La mitad de los estudiantes de licenciatura en México acuden a la Universidad de Guadalajara.	☐	☐
2. Los planteles de la Universidad de Guadalajara se ubican en más de la mitad del territorio del Estado de Jalisco.	☐	☐
3. Una de las carreras con mayor demanda es Psicología.	☐	☐
4. Las carreras con mayor demanda tienen más de 2000 solicitudes.	☐	☐
5. En esta Universidad hay más de 100 programas de posgrado.	☐	☐

3.1.1. 👤 📖 **Lee el texto y comprueba tus respuestas:**

En la Universidad de Guadalajara, con sede principal en Guadalajara (Estado de Jalisco, México), estudian un total de 183 349 alumnos, de los cuales 71 286 pertenecen al nivel superior y 112 063 al nivel medio superior. Estas cifras sitúan a la Universidad de Guadalajara por encima de la media nacional en cuanto a cobertura en los niveles medio superior y superior.

Los planteles educativos se ubican estratégicamente en 93 de los 124 municipios del Estado de Jalisco y en el conjunto de las regiones de la entidad. El 75% de los alumnos de licenciatura cursan estudios en programas educativos de calidad reconocida, lo que sitúa a esta casa de estudios por encima de la media nacional y en uno de los primeros lugares entre las universidades mexicanas.

Universidad de Guadalajara, México

Las licenciaturas con mayor demanda son: Derecho, Ingeniería Civil, Administración, Contaduría, Diseño, Arquitectura y Medicina. Las de menor demanda son Ingeniería en topografía, Química y Sociología. Las carreras con mayor demanda tienen de entre 600 y alrededor de 2000 aspirantes, de los cuales no todos son aceptados. Por ejemplo, el caso de Medicina, en la Zona Metropolitana de Guadalajara hay 2700 solicitudes y los espacios disponibles son 320. En el caso de Derecho hay cerca de 2000 solicitudes y 480 son los lugares disponibles.

Después de terminar una licenciatura, la Universidad de Guadalajara ofrece opciones de posgrado; algunos de ellos están en el Programa Nacional de Posgrados de Calidad del Consejo Nacional de Ciencia y Tecnología (CONACyT). Los posgrados en el área administrativa son los de mayor demanda, le siguen los de carácter social, los del área médica y, después, los relacionados con las Ciencias Naturales y Ciencias Exactas.

3.1.2. 👥 🔍 **Busca correspondencia en el texto para cada una de las siguientes palabras:**

- Preinscripciones: ......*solicitudes*......
- Escuelas ....
- Ayuntamiento ....
- Candidatos ....
- Universidad ....
- Admitir ....
- PNPC ....
- CONACyT ....

3.2. 👥 💬 **Aquí tienes un esquema del sistema educativo en México. Elabora, junto a los compañeros de tu misma nacionalidad, el esquema de estudios de tu país y compáralo con el mexicano. Después vas a explicárselo a tus compañeros en el pizarrón y a responder a sus preguntas.**

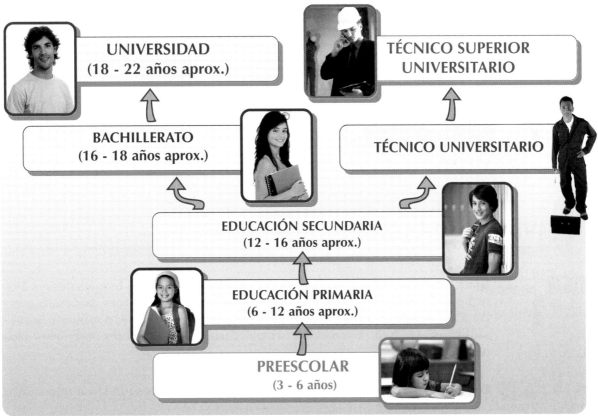

3.3. 👤 🎧 **Escucha a un grupo de estudiantes que opinan sobre la universidad. Completa**
[10] **las columnas con las cualidades positivas y negativas que destacan.**

Cualidades positivas	Cualidades negativas

3.3.1. 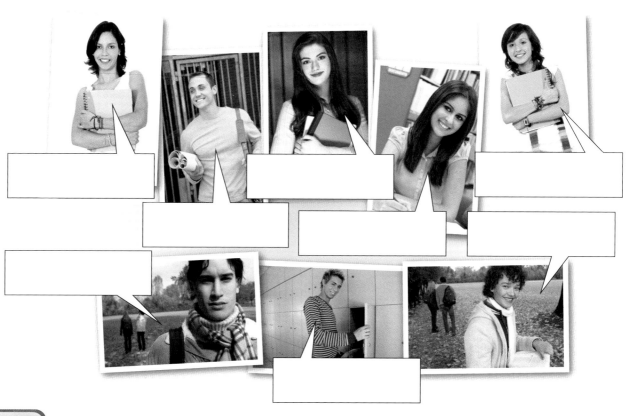 Escucha de nuevo y escribe los deseos que formulan estas personas.

[10]

4 ¡Vamos! ¡Ánimo!

4.1. Fíjate ahora en las formas que usamos para reaccionar a los buenos deseos. Por una parte, podemos animar a la persona con su deseo; por otra, podemos acercar a la persona a la realidad y ponerle los pies en el piso; y, por último, podemos constatar lo dicho (reacción neutra). Escucha las siguientes reacciones a los deseos.

[11]

4.1.1. Escucha de nuevo y clasifica las reacciones según correspondan a uno u otro grupo.

Animar a la persona	Acercar a esa persona a la realidad	Reacción neutra

4.1.2. Compara tus soluciones con las de tu compañero y comprueba con la siguiente información.

ⓘ Reaccionar ante un deseo

Animar a la persona

- Con negación en el deseo

  Ejemplo: *Me fue fatal en los exámenes, ¡ojalá **no** los <u>repruebe</u> todos!*

  Tampoco es para tanto.

  No te pongas así.

  No digas esas cosas.

  Tú siempre igual de optimista (irónico).

- Con afirmación en el deseo

  Ejemplo: *¡Ojalá pase el examen!*

  Ya verás que sí.

  (Que) sí, hombre, (que) sí.

  ¡Pero cómo no vas a + infinitivo!

Acercar a esa persona a la realidad

Ejemplo: *El examen estuvo muy difícil. ¡Espero que nuestro profesor nos pase a todos!*

Pero... ¡cómo va a + infinitivo!

Pero... ¡si + (no) + futuro de indicativo!

¡No tiene otra cosa que hacer!

¡¿Y qué más?!

Sí, sí, seguro (irónico).

Sí, sí... (irónico).

¡Qué imaginación la tuya!

¡Sueñas! (informal).

Reacción neutra (constatar lo dicho)

Ejemplo: *Por favor, ¡que nos diga que sí! Nos hace mucha falta...*

¡Hombre! ¡Cómo crees!

¡Dios te oiga!

¡Ojalá y sea verdad!

¡Ya te digo!

4.2. Escribe, en estas tarjetas, tres aspectos positivos y tres negativos sobre tu escuela o universidad en tu país.

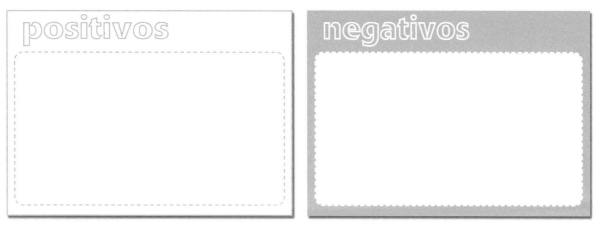

positivos

negativos

4.2.1. Compara y comenta tus respuestas con las de tus compañeros y expresa tus deseos para solucionar los aspectos negativos. Tus compañeros reaccionarán a tus deseos. Si han estado en alguna escuela o universidad de México o Latinoamérica, pueden comparar sus características con las de su país.

4.2.2. 👤 💬 La <u>Secretaría de Educación Pública</u> presenta una nueva ley ante el Congreso. Lee las propuestas e imagina las reacciones de los diputados teniendo en cuenta que, según su ideología, unos expresarán esperanza, otros escepticismo y otros serán contrarios.

- La Educación Secundaria será obligatoria hasta los dieciocho años.
- Habrá clases de inglés y francés con profesores nativos desde preescolar.
- En la Universidad solo habrá treinta estudiantes por aula.
- Y dos fechas de examen por asignatura.
- Todas la escuelas públicas contarán con aulas de cómputo.
- Los libros serán gratuitos para todos los estudiantes.
- Todos los estudiantes de las carreras técnicas realizarán prácticas pagadas en empresas.

Algunas de las reacciones de los diputados podrían ser:

– ¡Ojalá sea posible!

– ¡No tiene otra cosa que hacer!

– ¡A ver si es verdad!

– Sí, sí, seguro.

España: *Ministerio de Educación*

Argentina: *Ministerio de Educación*

Autoevaluación

1. **Señala cuáles de estos verbos son regulares en el presente de subjuntivo.**

☐ Andar	☐ Comer	☐ Salir
☐ Oír	☐ Hablar	☐ Tener
☐ Viajar	☐ Dejar	☐ Haber
☐ Poder	☐ Saltar	☐ Estudiar
☐ Traer	☐ Ir	☐ Llevar
☐ Saber	☐ Manejar	☐ Volar
☐ Poner	☐ Traducir	☐ Pedir

2. **De los verbos que tienes arriba, ¿cuáles te resultan más difíciles de recordar? Escríbelos y anota también la primera persona del presente de subjuntivo de cada uno de ellos.**

3. **En esta unidad aprendiste muchas expresiones que usamos en español para desear algo a otras personas. Escribe las que sean similares en tu idioma y busca las equivalentes para las demás.**

   ¿Cómo explicarías a alguien de tu lengua por qué usamos en español el subjuntivo para expresar deseos?

EN EL MUNDO SE APRENDE ESPAÑOL

1. ¿Qué te sugiere este título? ¿De qué crees que vamos a hablar? ¿Por qué? ¿Sabes cuántos estudiantes de español, como tú, hay en el mundo? ¿Por qué decide la gente estudiar español?

2. Antes de leer el texto, contesta a estas afirmaciones sobre el aprendizaje del español en el mundo, según tu opinión.

Antes de leer			Después de leer	
V	F		V	F
☐	☐	**1.** El español es la lengua más hablada en el mundo.	☐	☐
☐	☐	**2.** Es la segunda lengua más estudiada del mundo.	☐	☐
☐	☐	**3.** *La enciclopedia del español en el mundo* recoge el número de estudiantes de esta lengua a nivel mundial.	☐	☐
☐	☐	**4.** En África, el español es una lengua que se estudia poco.	☐	☐
☐	☐	**5.** La mayor demanda de estudiantes de español se concentra en América.	☐	☐
☐	☐	**6.** Francia es el país en Europa donde más se estudia el español.	☐	☐
☐	☐	**7.** Hay más estudiantes de español en China que en Japón.	☐	☐

Hoy por hoy el español es una lengua en continuo auge. Es la cuarta lengua más hablada del mundo, como primera y segunda lengua, por detrás tan solo del chino, el inglés y el hindi, y la cifra de hispanohablantes en el mundo se situará en breve en la barrera de los 500 millones.

Como lengua de comunicación internacional, el español ocupa ya un lugar determinante en el escenario internacional: hay al menos 14 millones de estudiantes de español como lengua extranjera, lo que lo convierte en la segunda lengua más estudiada del mundo, por detrás solo del inglés.

El Instituto Cervantes ha llevado a cabo, en *La enciclopedia del español en el mundo*, una exhaustiva labor de recopilación de los datos referentes al número de estudiantes de español en el mundo, país a país; recopilación hasta ahora inédita y que reúne información sobre la demanda que existe en todos los ámbitos educativos e incorpora también la evolución experimentada por la demanda de español en los últimos quince años.

• En Australia y Nueva Zelanda hay aproximadamente unos 60 000 alumnos y se considera que las lenguas con mayor futuro son el chino mandarín y el español.

• La expansión del español en África vive un momento crucial. Más de medio millón de africanos estudia español como lengua extranjera a lo largo y ancho del continente, en más de una quincena de países. En Costa de Marfil y Senegal (235 806 y 101 455 cada uno), el español es la opción de segundo idioma en el bachillerato y el 74% de los estudiantes de secundaria lo elige como segundo idioma. Destaca la continua presencia de los estudios de español en países como Marruecos (con más de 60 000 estudiantes) y Camerún (con más de 63 000). También sorprenden cifras como las del número de estudiantes en Madagascar (8 200) y Kenia (más de 1100). El futuro del español en esta área geográfica dependerá claramente de la estabilidad política, social y económica de estos países y de la continuidad en el acceso a la educación de sus habitantes.

- La mayor demanda de estudiantes de español se concentra en América, con más de siete millones de estudiantes. La cifra se verá incrementada cuando del millón de estudiantes de español que registra Brasil se pase a 11 millones en el momento en que se haga obligatoria, la asignatura de español en la enseñanza media. En Estados Unidos hay más de seis millones de estudiantes, y las expectativas de crecimiento de la demanda se sitúan en torno al 60% en un mercado en plena expansión. En Canadá, sin embargo, no hay más de 93 000 estudiantes.

- En Europa estudian español 3,5 millones de alumnos en 38 países. A esta cifra cabría añadir los más de 180 000 estudiantes que visitan España cada año también para estudiar español. En Francia, con más de dos millones de estudiantes, el español se ha asentado como lengua extranjera, por detrás únicamente del inglés. En Alemania (con casi 500 000), la demanda es en cursos especializados en los negocios, la economía y el turismo; y en Italia, con más de 300 000 estudiantes de español, ha tenido un crecimiento del 52% en el número de alumnos universitarios de español.

- La situación del español en Asia arroja resultados igualmente esperanzadores: hay cerca de 160 000 estudiantes de español. Frente a cifras como los 60 000 universitarios japoneses que demandan cursos de español o los más de 20 000 estudiantes de español en Filipinas, llama poderosamente la atención el escaso número de estudiantes en China (unos 9 000 alumnos). Todo indica que en los próximos años se producirá un fortísimo aumento.

De todas estas cifras, la conclusión principal que se extrae es que el español ocupa hoy el segundo lugar como lengua extranjera más estudiada del mundo, por detrás tan solo del inglés. La demanda de español es también la que más ha crecido en la última década, junto a la demanda de inglés. Nuestra lengua está afianzando su papel como lengua de comunicación internacional a ritmo vertiginoso: la creciente demanda de cursos de español por parte de los profesionales de todos los ámbitos y de los más diversos países así lo demuestra.

Fuente: www.cervantes.es/docs/Enciclopedia_del_español_en_el_mundo.pdf

2.1. Comprueba si respondiste correctamente.

3. Observa en este gráfico la distribución del número de estudiantes de español en el mundo. Con los datos que te ofreció el texto anterior, escribe el nombre de cada continente en el espacio adecuado.

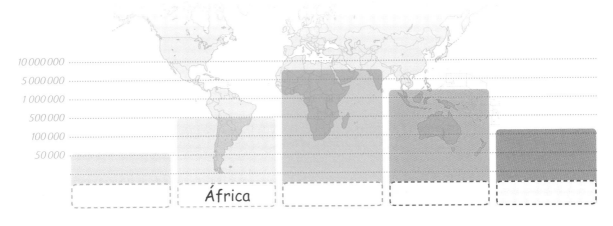

3.1. Escribe los países, de mayor a menor, según el número de estudiantes de español.

4. Van a formar cinco grupos de alumnos. Cada uno son estudiantes de español de un continente diferente. Comenten las siguientes preguntas y pónganlas después en común:

¿Por qué la gente decide empezar a estudiar español? ¿Por qué creen que en su continente existe ese interés por el español? ¿Qué harían para aumentar el número de alumnos de español? ¿Cuáles son las ventajas de estudiar español en su país?

5

Unidad

Contenidos funcionales

- Expresar probabilidad en el presente, en el pasado y en el futuro
- Lamentarse
- Responder con seguridad
- Negar/afirmar con decisión
- Expresar extrañeza o preocupación
- Tranquilizar

Contenidos gramaticales

- Antefuturo: morfología y uso
- Contraste antefuturo, futuro y pospretérito
- Usos del participio pasado
- Marcadores de probabilidad: *a lo mejor, quizá,* etc.
- ¡*Por qué* + pospretérito!
- *Tener que* (copretérito) + infinitivo compuesto
- Haber de/Deber de + infinitivo compuesto

Contenidos léxicos

- La educación

Contenidos culturales

- Las vacaciones escolares en Cuba
- Literatura: Julio Cortázar

Nos conocemos

- Lugares paradisíacos en Latinoamérica

1 ¡Ve tú a saber!

1.1. 👤 🔊 **Observa las imágenes y relaciónalas con las situaciones descritas. Luego,** [12] **escucha estos diálogos e identifícalos con la situación correspondiente.**

Situación A . . . . ☐
La chica le pregunta al chavo si sus padres están ya de vacaciones; el chavo le dice que todavía no, que se van mañana y hace suposiciones sobre lo que harán sus padres una vez llegados al destino.

Situación B . . . . ☐
Hablan de la dificultad de circular por la Ciudad de México, dicen que siempre está en obras y no creen que el año que viene las terminen.

Situación C . . . . ☐
La chica quiere confirmación del viaje de Mónica a Zacatecas, y el chavo, por la hora que es, supone que ya está allí.

Situación D . . . . ☐
La chica busca sus llaves, le pregunta al chavo, y este no sabe nada.

1.1.1. 👥 📖 **Por parejas, lean ahora la transcripción y señalen si el verbo en negrita informa de una acción situada en el pasado o en el futuro.**

Marisa: ¿Viste mis llaves?
   Luis: No, no las vi, pero las **habrás puesto** dondequiera, ¡como siempre! ¡Eres superdespistada!

. . . .

Fernanda: ¡No puedo creerlo! El D.F. siempre está en obras y, claro, el tráfico es un caos.
  Paloma: Sí, dicen que para el año que viene **habrán terminado**, ¿tú crees?
Fernanda: Sí, segurísimo.

. . . .

Pilar: Mónica salía hoy a las ocho y media de la Central Camionera del Norte, ¿verdad?
Pablo: Sí, a las ocho y treinta y cinco exactamente. Ya **habrá llegado** a Zacatecas porque son las cinco.

. . . .

   Ana: ¿Ya se fueron tus papás de vacaciones?
Carlos: No, todavía no, se van mañana sábado. A esta hora, mañana, ya **habrán nadado**, porque les encanta el mar.

. . . .

Antefuturo (Futuro compuesto)

En los diálogos de la audición tienes un nuevo tiempo verbal: el **antefuturo**.

Este tiempo se usa para:

1. Hablar de una acción futura, pero que estará acabada en un tiempo futuro del que hablamos *(el año que viene, mañana sábado...)*.

> *Mañana sábado a estas horas, habré llegado a París.*

2. Hacer hipótesis sobre un momento pasado.

> *Probablemente, habrá salido tarde y por eso no ha llegado.*

El antefuturo se forma con el futuro del verbo **haber** y el participio pasado del verbo: *habré estudiado, habrás comido...*

Habré
Habrás
Habrá   } + participio **-ado /-ido**
Habremos
Habrán

España: *Vosotros/as habréis + -ado/-ido*

Argentina: *Vos habrás + -ado/-ido*

1.2. 👤 📝 **Completa el cuadro con las formas del antefuturo.**

	él/ella/usted	ellos/ellas/ustedes
1. Levantarse		
2. Ir		
3. Llevar		
4. Querer		
5. Sentir		
6. Empezar		
7. Estar		
8. Tener		
9. Poder		
10. Costar		

1.3. 👤 📝 **Escribe con la forma del antefuturo.**

1. Abrir (yo) ....

2. Romper (ustedes)............................

3. Escribir (tú).....................................

4. Poner (ellos) ....

5. Hacer (él) ....

6. Volver (nosotras) ....

7. Ver (usted) ....

8. Cubrir (él)..

1.4. 👥 📝 **Fabio está pensando en lo que habrá conseguido hacer a corto plazo o a medio plazo, pero no le gustan las matemáticas; ayúdalo.**

1. Fabio: Cobraré 900 pesos a la semana, o sea que a final de mes...

Tú: A final de mes *habrás cobrado* 3600 pesos.

2. Fabio: Estudiaré cuatro horas al día, o sea que al final de la semana...

Tú: Al final de la semana

CONTINÚA ····⁝····

3. Fabio: Ahorraré 1000 pesos cada dos meses, o sea que al año...

Tú: Al año ....

4. Fabio: Compraré dos CD a la semana, o sea que a los tres meses...

Tú: A los tres meses ....

5. Fabio: Caminaré todos los domingos diez kilómetros, o sea que a los cuatro meses...

Tú: A los cuatro meses ....

1.5. 👤 📝 **Ahora, escribe el comentario final de los resultados que tendrás después de haber hecho este curso de español.**

◆ Futuro

En español tenemos el **futuro** *(comeré)* y el **antefuturo** *(habré comido)* para hablar de cosas que no sabemos con seguridad, cosas que suponemos.

- El **futuro** sirve para hablar de cosas que suponemos en el presente.
  - ▶ *Son las cinco, ¿a qué hora **viene** tu hermana?*
  - ▶ *No sé, **vendrá** más tarde. (=Creo que viene más tarde).*

- El **antefuturo** sirve para hablar de cosas que suponemos en el pasado.
  - ▶ *Son las cinco, ¿a qué hora **vino** tu hermana?*
  - ▶ *No sé, **habrá venido** a las tres o a las cuatro. (=Creo que vino a las tres o a las cuatro).*

1.6. 👥 💬 **Contesta a las preguntas; no estás seguro.**

¿Por qué llegaron tarde todos los estudiantes?

¿Hay alguna computadora libre?

¿A qué hora llegó Kate a clase?

¿A qué hora hizo los ejercicios Lisa?

¿Por qué consulta el diccionario todo el tiempo?

¿Por qué no vino a clase?

¿Por qué le duele la cabeza a tu compañero?

¿A qué hora se acostó tu compañero?

¿Por qué está dormido el profesor?

Esta mañana perdí mi carpeta, ¿la viste?

2.1. Lee esta noticia:

La televisión en los salones de clases

Una veintena de colegios chilenos tendrán la oportunidad de complementar el proceso educativo de sus alumnos con la inclusión de la televisión digital, gracias a Escuela +.

La televisión no es solo una caja como muchos creen, si se usa de forma adecuada puede convertirse en un importante instrumento para la enseñanza escolar.

Ejemplo de esto es la iniciativa del proyecto llamado Escuela Plus el cual pretende complementar la enseñanza habitual con la promisoria televisión digital.

Esta iniciativa desarrollada por el Ministerio de Educación, el Consejo Nacional de Televisión, DirecTV, Discovery Channel, Banco Mundial y Microsoft pretende implementar esta innovadora idea en 20 establecimientos educacionales del país, de quinto a séptimo básico en la Región Metropolitana.

Microsoft, a través de su programa Alianza para la Educación entregará un curso básico de soporte técnico para capacitar a estudiantes a partir de los 13 ó 14 años, y a los docentes o personal administrativo. Por otra parte las instituciones educativas creen que la empresa multinacional tendría que entregar un certificado que serviría de complemento para el futuro laboral.

El por qué de que sea digital, es para facilitar los tiempos y también acercar a la gente a esta nueva tecnología, por ejemplo los programas proporcionados por Discovery Channel y gracias a DirecTV podrán ser grabados y transmitidos cuando el docente crea que es necesario.

En Latinoamérica, Chile no es el único en implementar este proyecto, también ya lo hicieron en Colombia y Puerto Rico con muy buenos resultados, después de Chile es posible que se desarrolle en Venezuela, Argentina y Ecuador.

Texto adaptado de : http://www.atinachile.cl/content/view/274863/Television_en_la_sala_de_clases.html

2.1.1. Responde verdadero o falso y justifica en el texto tu respuesta.

	Verdadero	Falso
1. El periodista afirma que la televisión es un instrumento distractor para la educación.	☐	☐
2. Los docentes trabajarán más horas a la semana.	☐	☐
3. El Ministerio de Educación quiere que la televisión sea un elemento complementario para la educación.	☐	☐
4. Chile es el primer país de Latinoamérica en implementar esta iniciativa educativa.	☐	☐
5. Con esta nueva forma de enseñar se desafía a la educación tradicionalista.	☐	☐
6. El personal administrativo, profesores y alumnos están capacitados con esta nueva tecnología.	☐	☐

2.1.2. Busca con tu compañero otro título para la noticia y resúmanla en varias palabras.

2.1.3. 👥 💬 Haz a tu compañero dos de las preguntas de abajo, él te hará otras dos. Verifiquen las respuestas en el texto:

1. ¿Cómo podrá el profesor insertar las nuevas tecnologías en la educación?
2. La noticia menciona a varias organizaciones, ¿cuáles son?
3. En el texto hay una definición irónica de "televisión", ¿cuál es?

2.1.4. 👥 🔍 Ahora, busca en el texto palabras relacionadas con la educación; añade a esa lista cinco palabras más que conozcas. Compara tu lista con la de tu compañero.

2.1.5. 👥 📝 Señala en el texto todos los verbos que no sean presente o pasado. ¿Qué forma verbal señalaste? ¿Recuerdas su nombre? ¿Por qué se utiliza en el texto? ¿Para qué sirve?

3 ¡Sea por Dios!

ⓘ Pospretérito (Condicional simple)

El pospretérito también sirve:

- Para lamentamos por algo que pasó y que podíamos haber evitado, pero que ahora es demasiado tarde.

  ¡*Por qué* **+ pospretérito**!

  ▶ ¡*Por qué* no **estudiaría** *español en la secundaria!*

- Para lamentarnos también podemos usar:

  Tener (copretérito) *que* **+ infinitivo compuesto**

  Eso me/te/le... pasa por **+ infinitivo compuesto**

  ▶ ***Tenía*** *que* ***haber estudiado*** *español en la secundaria!*

  ▶ ***Eso me pasa por haber elegido*** *francés y no español en la secundaria.*

- Para hablar de cosas que suponemos en un pasado que ya está cerrado.

  ▶ *Ayer* ***vino*** *tu hermana, ¿verdad? ¿A qué hora* ***vino***?

  ▶ *No sé,* ***vendría*** *a las tres o a las cuatro.*

- Para hacer suposiciones, también podemos usar:

  Haber de **+ infinitivo compuesto**

  Deber de **+ infinitivo compuesto**

  ▶ ***Ha de haber venido*** *muy tarde porque todavía duerme.*

  ▶ ***Debe de haber salido*** *de parranda con sus amigos.*

3.1. Ayer hubo un clima excelente y decidieron ir al Ajusco. Pero se dividieron en dos grupos y se perdieron, y, además, llovió muchísimo. Hoy se arrepienten de ello. Usa las distintas estructuras posibles.

1. Teníamos que haber salido todos juntos de la escuela.
2. Eso nos pasa por habernos separado.
3. ¡Por qué no llevaríamos un plano!
4. ....
5. ....
6. ....
7. ....
8. ....
9. ....
10. ....

3.2. Mira estas imágenes y escribe diez ideas o suposiciones de lo que pudo pasar. Pásale tu lista al compañero de la derecha, él hará lo mismo. De la lista que te pasaron, borra las más inverosímiles y después explica a tus compañeros tus razones.

Antes

En este momento

Ayer

En este momento

3.3. Escucha a tu profesor, te dará las instrucciones de la actividad.

3.4. 👤 📝 Piensa ahora en algún día desastroso en tu vida, escribe lo que te sucedió y, al mismo tiempo, laméntate.

3.5. 👨‍👧 💬 Seguro que el día en que salíamos de vacaciones escolares era un día feliz y no era momento para lamentaciones –¿quizás cuando recibías la <u>boleta de calificaciones</u>?– ¿Tienes algún recuerdo especial de algún final de curso? ¿Tenías demasiadas vacaciones?

> **España:** *notas*
>
> **Argentina:** *notas*

3.5.1. 👨‍👧 💬 Mira el gráfico con tu compañero. ¿Qué les llama la atención? ¿Está tu país? Si no es así, cuéntanos su sistema de vacaciones y dinos si crees que los escolares deberían tener más vacaciones o menos. Si está tu país, haz una valoración del gráfico comparando los distintos países.

Número de días de clase por año en Enseñanza Secundaria

Canadá	180
Bolivia	200
Costa Rica	175
España	170
Guatemala	180
Nicaragua	200
México	200
Belice	175
Jamaica	190

4 Puede que sí o puede que no

4.1. 👤 🎧 [13] Una estudiante de una escuela de español para extranjeros hace una serie de preguntas a Raquel, profesora de español, sobre el futuro de las universidades. Escucha y decide qué tipo de probabilidad hay en las suposiciones de Raquel. Ayúdate con el cuadro de abajo.

	Alta 80%	Media 50%	Baja 20%
1. En un futuro, la universidad será por Internet. Seleccionaremos profesor, clase y horario.			
2. Las bibliotecas estarán en Internet.			
3. Habrá una forma diferente de hacer los exámenes.			
4. Raquel será profesora de español por Internet.			

4.1.2. ⊞ 💬 **¿Y ustedes? ¿Están de acuerdo con Raquel? ¿Desaparecerá la universidad como lugar físico? Si es así, ¿qué aspectos de la vida de un universitario se perderían?**

ⓘ Para hacer suposiciones

Además de los tiempos verbales vistos anteriormente (futuro, antefuturo, pospretérito), puedes usar:

- **Probabilidad alta:**

  Creo que
  Me parece que } **+ indicativo**
  Seguro que

- **Probabilidad media:**

  Supongo que
  Me imagino que } **+ indicativo**
  Sí, seguramente

- **Probabilidad baja:**

  Quizá
  A lo mejor } **+ indicativo**

4.2. 👫 💬 **Ahora vamos a ser sinceros y a practicar el pospretérito. Responde a las siguientes preguntas con sí o no. Después, ordénalas de la más impactante para ti a la menos y busca a un compañero que tenga opiniones similares a las tuyas; defenderán sus opiniones (sí o no) ante el resto del grupo.**

	Sí	No
1. ¿Te irías a vivir a otro país –muy lejano y diferente– por amor, renunciando a tus estudios o carrera?		
2. ¿Cambiarías ahora de estudios/de profesión?		
3. ¿Aceptarías un trabajo muy bien pagado, pero sin posibilidad de vacaciones en cinco años?		
4. ¿Te irías ahora mismo a una isla desierta tú solo de vacaciones durante seis meses?		

- Las preguntas más impactantes para mí son: ....

- Las preguntas menos impactantes para mí son: ....

ⓘ

Para responder con seguridad puedes usar:

   (Estoy) seguro/a.   *Segurísimo.*   *Sin ninguna duda.*

Para negar con decisión puedes usar:

   ¡Jamás!   *¡Cómo crees!*   *¡Ni hablar!*

Para afirmar con decisión puedes usar:

   ¡Por supuesto!   *¡Hombre, claro!*   *¡Sí, sí!*

4.3. 👥 🎧 **Escuchen y hagan conjeturas sobre los lugares donde están las personas que** [14] **platican. ¿Dónde podrá ser? Primero, ordenen las fotos según el diálogo y después de llegar a un acuerdo, expongan sus hipótesis a la clase.**

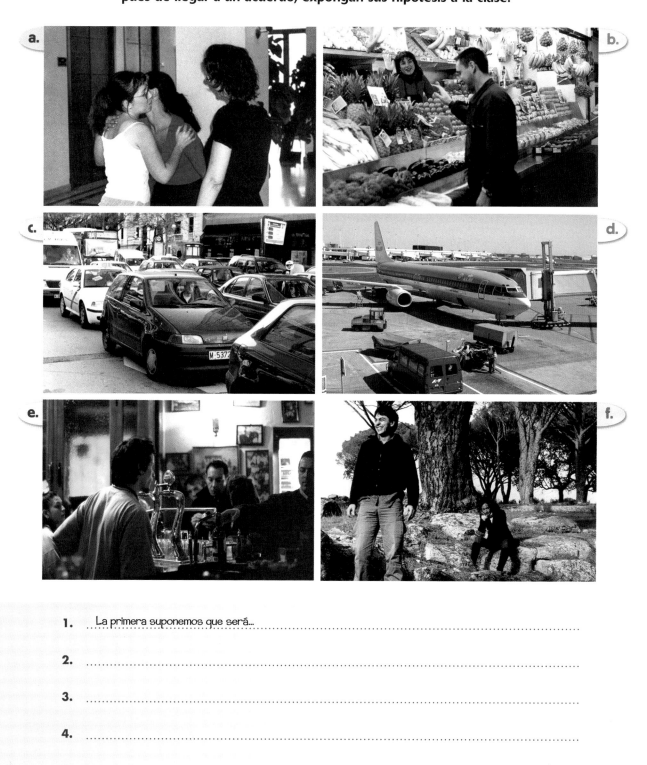

1. La primera suponemos que será...
2. ....
3. ....
4. ....
5. ....
6. ....

4.3.1. 👥 💬 **¿Cuáles de estos ambientes pueden ser típicos de tu país? ¿Cuáles no te parecen típicos de México? ¿Por qué?**

4.4. Ahora, miren estas fotos y usen los diferentes grados de probabilidad. ¿Irían de vacaciones a un lugar así? ¿Cómo sería el lugar ideal para pasar unas vacaciones inolvidables? Coméntenlo a sus compañeros.

4.5. Normalmente tratamos de tranquilizar a alguien que muestra preocupación o extrañeza y hacemos suposiciones.

- **Para expresar extrañeza** puedes usar:

    ¡Qué raro!   *¡Qué extraño!*

- **Para expresar preocupación** puedes usar:

    ¿Qué pasará?   *¿Le/les habrá pasado algo?*

- **Para tranquilizar** puedes usar:

    ¡No te preocupes!   *¡Bah!, ¡no pasará nada, hombre/mujer!*

    y podemos añadir **suposiciones**:

    ¡No te preocupes!, estará en un embotellamiento.

    ¡Bah!, no pasará nada, a lo mejor se encontró con alguien en el camino.

4.5.1. Expresa preocupación o tranquiliza a tu compañero haciendo suposiciones. Usa las expresiones de hipótesis.

ALUMNO A

1. Estás esperando a un amigo en la puerta del cine para ver juntos una película, pero no viene y es muy puntual. Expresa extrañeza.

2. Una amiga los invitó a cenar a su casa. Llegan a su casa, pero no está. Tranquiliza a tu compañero.

3. Tu amigo no te escribió ningún e-mail desde que estás en la escuela de español. ¡Hace dos semanas! Expresa preocupación.

4. Vives en un departamento con otros compañeros y la comida que preparaste ya no está en la cocina. Expresa extrañeza.

5. Tu compañero busca trabajo en México. Fue a una entrevista hace una semana, pero no le llaman. Tranquilízalo.

CONTINÚA ⋯⋮▸

1. Estás esperando a un amigo en la puerta del cine para ver juntos una película, pero no viene y es muy puntual. Tranquiliza a tu compañero.

2. Una amiga los invitó a cenar a su casa. Llegan a su casa, pero no está. Expresa preocupación.

3. El amigo de tu compañero no le escribió ningún e-mail desde que está en la escuela de español. ¡Hace dos semanas! Tranquilízalo.

4. Vives en un departamento con otros compañeros y la comida que preparó tu compañero ya no está en la cocina. Tranquilízalo.

5. Buscas trabajo en México. Fuiste a una entrevista hace una semana, pero no te llaman. Expresa preocupación.

Autoevaluación

1. Cuando hacemos las actividades de escuchar en clase:

☐ Estoy en tensión

☐ Miro lo que hace mi compañero de al lado

☐ Intento comprender en general

☐ Creo que no voy a entender nada

☐ Intento escribirlo absolutamente todo

☐ Cierro los ojos y me concentro para comprender todas las palabras

☐ ....

2. ¿Qué expresiones me ofrece el español para lamentarme?

....

....

....

3. Cuando no sé algo con seguridad sobre un hecho que ocurrió en el pasado, ¿qué tiempos me ofrece el español para expresarlo? ¿Y si ocurrió en el presente?

Cuando escuchamos en otra lengua que no es la nuestra, ponemos el doble de atención y nos sentimos inseguros; eso es negativo. Debemos relajarnos para concentrarnos mejor y no intentar comprenderlo todo porque en nuestra lengua materna tampoco lo escuchamos y entendemos todo.

LUGARES PARADISÍACOS EN LATINOAMÉRICA

1. ¿Qué te sugiere esta fotografía? ¿Dónde pudo ser tomada? ¿En qué época del año? ¿Irías de vacaciones a este lugar? ¿Por qué? Comenta con el resto de la clase tus impresiones.

2. El curso ya finalizó y vas a realizar un viaje a un país de Latinoamérica. Haz a tu compañero las siguientes preguntas y señala qué tipo de viajero crees que es.

1. ¿Pasarías una semana en una playa paradisíaca de México sin hacer nada?
2. ¿Te apuntarías en una excursión por la selva amazónica con animales exóticos?
3. ¿Te alojarías en una <u>tienda de campaña</u> en los Andes?
4. ¿Prefieres unas vacaciones culturales, divertidas o relajantes?

> **Argentina:** *carpa*

5. ¿Visitarías las ruinas de la civilización maya o una ciudad cosmopolita y moderna como Buenos Aires?
6. ¿Probarías la comida típica de otro país, aunque fuera muy picosa?
7. ¿Cómo eliges tu viaje: por el catálogo de una agencia de viajes, a través de las vivencias de otros o por una buena guía?
8. ¿Irías a un lugar donde el turismo no llega?

☐ **Viajero cultural** ☐ **Viajero tradicional** ☐ **Viajero aventurero** ☐ **Viajero relax**

3. Aquí te proponemos diferentes destinos para visitar estas vacaciones. Lee la información turística sobre varios países que apareció en la revista *Viajeros* y decide a qué destino corresponden las siguientes fotografías.

Argentina

- Segundo país más visitado de América del Sur.
- Buenos Aires [1]: ciudad cosmopolita y populosa. La noche porteña es uno de sus atractivos turísticos, donde puedes divertirte bailando tangos, y te ofrece una variada oferta cultural, gastronómica y de entretenimiento.
- Cataratas de Iguazú [2]: destino favorito del país, declaradas "Patrimonio Natural de la Humanidad" por la Unesco, y rodeadas por la selva subtropical.
- Aconcagua: montaña más alta de América. Argentina cuenta además con muchos lugares montañosos, donde puedes practicar montañismo o alpinismo.
- Bariloche: principal atractivo invernal para aquellos que deseen disfrutar de la nieve.
- Glaciar Perito Moreno: la Patagonia destaca por sus atractivos glaciares. El más conocido es este, cuya accesibilidad y ruptura periódica le otorgan un atractivo singular.

Chile

- El turismo es uno de los principales recursos económicos del país.
- Los principales atractivos turísticos corresponden a paisajes naturales.
- San Pedro de Atacama: en el norte del país, visitado por numerosos turistas para ver su arquitectura incaica.
- Los Andes: con diferentes centros de esquí de calidad internacional.
- Isla de Pascua [3]: el principal destino turístico chileno.
- Balnearios: en la época estival, el turismo se concentra en la costa: Arica, Iquique, Pucón y Puerto Varas.
- Viña del Mar: llamada "capital turística de Chile" debido a la cercanía con la capital del país, al buen número de playas que posee, a los casinos y por ser la sede del anual Festival Internacional de la Canción de Viña del Mar, el evento musical más grande de Latinoamérica.

Perú

- Lima: gran metrópolis cosmopolita, con más de 7 millones de habitantes. Se puede visitar su centro histórico, con hermosas construcciones coloniales, "Patrimonio Cultural de la Humanidad", los mejores museos del Perú y varios centros arqueológicos hispánicos. Se puede disfrutar de espectáculos nocturnos, centro de diversión, casinos, etc. Hermosas playas y balnearios en el sur de la ciudad.
- Cuzco [7]: una de las ciudades coloniales más bellas de América, con espectaculares paisajes andinos. Valle sagrado de los incas.
- Machu Picchu: antigua ciudadela. Atractivo arqueológico más importante de América del Sur y "Nueva Maravilla del Mundo". Situada cerca de la ciudad de Cuzco. Uno de los más bellos paisajes creados por la naturaleza.
- Líneas de Nazca [8]: en el desierto de Nazca, se encuentran cientos de figuras geométricas, de vegetales o de animales trazadas en el suelo. Solamente pueden ser observadas al sobrevolar el desierto.
- Catarata de Gocta: tercera catarata más alta del mundo, situada en Amazonas, rodeada de un bosque virgen exótico.

CONTINÚA ••••••

México

- Octava posición de los países con más turismo en el mundo.
- Cancún [4]: ciudad turística de fama internacional, junto con Acapulco. Gran oferta hotelera. Famosa por su animada diversión nocturna.
- Chichén Itzá [5]: uno de los principales sitios arqueológicos de Yucatán, con sus ruinas mayas. Patrimonio de la Humanidad desde 1988. Reconocida como una de las "Nuevas Maravillas del Mundo". Destaca la pirámide de Kukulcán.
- Ciudad de México [6]: capital más antigua de América y el centro político y económico del país. Tercer ciudad más poblada del mundo. Cuarta ciudad con mayor número de teatros, como el Auditorio Nacional, y una de las ciudades con más cantidad de museos en el mundo. Coyoacán es uno de los barrios culturales de mayor atracción para el turismo por sus características coloniales; en esta zona, sede de los más importantes museos, Hernán Cortés, Frida Kahlo o Diego Rivera tuvieron sus casas.
- Los Cabos: uno de los destinos turísticos más importantes de México. Durante el invierno puedes asistir a la procreación de la ballena gris y durante el verano, podrás practicar el buceo, el kayak, la pesca deportiva o disfrutar de sus playas solitarias.
- Puebla: se encuentra a la falda del volcán La Malinche y cerca de otros volcanes. Uno de los centros universitarios más importante del país. El centro histórico de la ciudad muestra impresionantes edificios de arquitectura colonial española, declarado como "Patrimonio de la Humanidad" por la Unesco. Destaca la Catedral, la más grande de Latinoamérica.

Costa Rica

- Destino más visitado de América Central.
- Ecoturismo: muy popular entre los turistas por ser un país rodeado por la naturaleza. Posee 21 parques naturales y 5 áreas protegidas. Es el país con más variedad de flora y fauna de toda América Central. Encontramos el puma, el jaguar y unas 850 especies de aves, entre las que destacan el quetzal o el colibrí. Tiene una de las mejores playas del mundo.
- Parque Nacional Corcovado: el área protegida más grande de Costa Rica; uno de los lugares con mayor biodiversidad del planeta.
- Parque Nacional Tortuguero [9]: famoso por el nacimiento de las tortugas en sus playas y por gran cantidad de animales como monos, cocodrilos, pumas, etc.
- El volcán Arenal [10]: situado en el Parque Nacional Arenal, es el volcán más activo de Costa Rica.

Venezuela

- Isla Margarita [11]: destino preferido para el descanso y esparcimiento, por sus importantes playas y su valor cultural.
- Parque Nacional Canaima: situado en la Selva Amazónica y por su extensión es considerado el más grande del mundo y "Patrimonio de la Humanidad". Entre sus atractivos naturales destaca el Salto Ángel [12], cascada más alta del mundo.
- El teleférico de Mérida: teleférico más alto del mundo, en el Parque Nacional Sierra Nevada.
- Caracas: casco histórico y ciudad más visitada de Venezuela. Cuenta con una gran cantidad de parques, plazas, arquitecturas modernas y coloniales, iglesias, etc. Destacan: la casa natal de Simón Bolívar, Anauco Arriba (la edificación más antigua de Caracas y considerada como patrimonio histórico de Venezuela), Plaza Bolívar (la plaza mayor de toda Caracas, ubicada en el Casco Central de la ciudad), la Catedral de Caracas, el Palacio Municipal y el Museo Sacro.

4. 👤 💬 Señala los lugares de Latinoamérica que tu compañero puede visitar según sus gustos y presenta al resto de la clase las conclusiones a las que llegaste y las diferentes propuestas que le sugieres.

5. 👨‍👩‍👧 💬 En grupos, van a señalar qué lugares de Latinoamérica puede visitar cada uno de los tipos de turistas de la actividad 2.

6. 👨‍👩‍👧 🏠 Vamos a conocer más lugares interesantes. Para ello, van a buscar información sobre lugares turísticos de países latinos que no aparecieron anteriormente, como Panamá, Nicaragua, Cuba, etc. Después van a hacer una exposición a toda la clase. Pueden acompañarla de fotografías de los lugares de los que hablen.

6

Unidad

Las líneas de Nazca (Perú)

Contenidos funcionales
- Expresar probabilidad
- Indicar la existencia de algo o de alguien

Contenidos gramaticales
- *Quizás* + subjuntivo
- *A lo mejor* + indicativo
- Adjetivos y pronombres indefinidos (revisión)

Contenidos léxicos
- Léxico relacionado con la literatura y el cine

Contenidos culturales
- Los misterios del cine
- *Crónica de una muerte anunciada* de Gabriel García Márquez
- La interpretación de los sueños

Nos conocemos
- Mitología maya y azteca

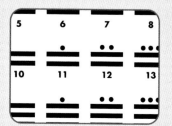

1 Quizás, quizás, quizás...

1.1. Lee las predicciones que hace una astróloga excéntrica acerca de cómo será el mundo en el año **2500** y puntúalas, de uno (+) a cinco (-), de acuerdo con el grado de probabilidad que te parezca más adecuado.

| 1. Muy probable | 2. Bastante probable | 3. Probable | 4. Poco probable | 5. Imposible |

- La rata será la mascota preferida de los niños.....................☐
- No se celebrará la Navidad..☐
- Los padres elegirán a sus hijos en un catálogo de combinaciones genéticas.................☐
- Estará de moda ser mayor y tener muchas arrugas; la gente se operará para conseguirlo.....☐
- Los hombres se maquillarán más que las mujeres.....☐
- Existirán museos donde se expondrán nuestros celulares, nuestras computadoras.....☐
- El amor será realidad virtual...☐
- No habrá reyes ni emperadores...☐
- Los extraterrestres visitarán la Tierra.................................☐
- Nuevas religiones, hoy desconocidas, serán las más importantes del mundo.................☐

1.1.1. Ahora, compara tus resultados con los de tu compañero y juntos formen frases siguiendo el modelo. Pero antes de hacerlo, echen un vistazo al cuadro siguiente.

Ejemplo: *Es poco probable que en el año 2500 no se celebre la Navidad.*

ⓘ

- El español tiene muchos recursos para expresar la probabilidad. Uno de los más frecuentes es poner el verbo en subjuntivo tras determinados adverbios y locuciones adverbiales.

  ▶ *Quizá* mañana vayamos al cine.　　　▶ *Puede (ser) que* mejore el tiempo.

  ▶ *Tal vez* nos quedemos unos días más.　▶ *¿Es posible que* nos veamos?

  ▶ *Posiblemente* consigas el trabajo.　　▶ *Es probable que* él sea el culpable.

  ▶ *Probablemente* no quiera venir.

- Hay otras formas, como *a lo mejor* o *igual*, que siempre van con indicativo, pero de esas nos ocupamos en otra unidad para poder centrarnos ahora en el uso del subjuntivo.

1.2. 🧑 🔄 **Prepárate para escuchar las predicciones de otros astrólogos, estos más sensa-**
[15] **tos. Pero ahora fíjate en cómo reacciona quien los escucha y toma nota de sus reacciones en el cuadro de abajo, según el ánimo que mues-tren estas personas.**

Según nuestro estado de ánimo o nuestro propio criterio, reaccio-namos de distintas maneras a las hipótesis que se nos plantean.

Optimista o esperanzado	Indiferente o escéptico
Crédulo o ingenuo	Incrédulo o pesimista

¿Te fijaste? El presente de subjuntivo no es solo un tiempo de presente, sino también de futuro. Mira:

Quizá *ahora sea demasiado tarde.*
Quizá *mañana sea demasiado tarde.*

1.3. 👥 📝 **Ahora, escribe cinco frases sobre cómo imaginas que será el mundo en el año 2500; no olvides usar formas de probabilidad. Luego, las discutes con tu compañero y reaccionas.**

1. ....
....

2. ....
....

3. ....
....

4. ....
....

5. ....
....

2 Enigmas

2.1. Además del futuro, hay otros muchos misterios sobre los que podemos hablar y plantear hipótesis. Lee este texto.

Congreso sobre los grandes enigmas de la vida

El pasado día 22 se clausuró el I Congreso Internacional sobre los grandes enigmas de la vida al que asistieron especialistas de diversas ramas de la ciencia, procedentes de un centenar de universidades, con el fin de dar respuesta a algunos de los principales misterios de nuestro mundo.

Las conclusiones a las que llegaron, tras varias jornadas de exposiciones y debates, fueron las siguientes:

1. **El Triángulo de las Bermudas.** Se trata de un campo magnético que desde el fondo del mar atrae hacia sí a embarcaciones y aviones.

2. **El *déjà vu*.** No tiene nada que ver con lo sobrenatural; se debe tan solo a un error en los mecanismos de nuestra memoria que se encargan de archivar la información nueva.

3. **Los fantasmas.** Son energía residual de las personas que mueren, simple humo de un fuego que ya se apagó.

4. **La adivinación del futuro.** Igual que se puede viajar en el espacio, hay algunas personas que son capaces de viajar en el tiempo y traer información desde allí.

5. **Avistamiento de ovnis.** Son alucinaciones que se pueden combatir con ansiolíticos y electrochoque.

6. **El enamoramiento.** Es algo natural, una simple exaltación hormonal causada por el instinto de reproducción; se puede combatir con duchas frías y terapias de grupo.

7. **Los sueños premonitorios.** Son simples casualidades sin ningún interés científico.

8. **Los endemoniados.** Sufren una forma de histeria que solo se da entre los que creen en el Demonio.

9. **El famoso túnel de después de la vida.** Que, sin embargo, se ve siempre en vida, pues de lo contrario nadie habría podido contarlo; es una alucinación común en el estado de coma.

2.1.1. Ahora, intenten dar una explicación a estos enigmas. Pueden tomar nota de sus hipótesis, comentarlas con sus compañeros y reaccionar.

Es posible que el Triángulo de las Bermudas sea una base militar extraterrestre...

2.1.2. 〓 ▧ **Pero seguro que a ti se te ocurren muchos otros enigmas que los congresistas no incluyeron en su lista. Elaboren entre todos otra lista y búsquenle juntos una explicación.**

Enigmas	Explicaciones

2.2. ▥ ▣ **Ahora, misterios mucho más cotidianos que tendrás que resolverle a los preguntones que tienes debajo, usando formas de probabilidad con presente de subjuntivo.**

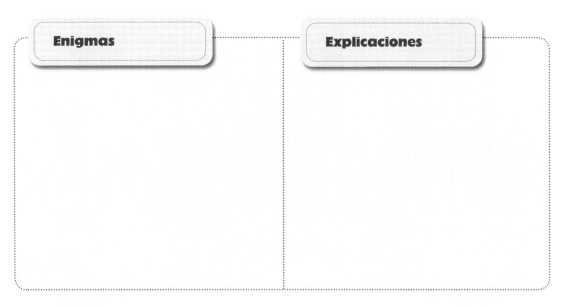

¿Qué crees que tiene en los bolsillos el profesor?

De tus compañeros solteros, ¿quién crees que se casará antes y por qué?

¿Qué crees que harán tus compañeros esta noche?, ¿y el profesor?

¿De quién será la primera llamada de teléfono que recibas?

Oye, ¿qué tiempo crees que hará mañana?

¿Qué cosas serán diferentes en tu vida dentro de un año?

¿Qué crees que está haciendo ahora tu familia?

> Como ya viste en la unidad 4, y ahora en esta, cuando expresamos deseos o esperanzas y acciones probables usamos el modo subjuntivo; eso es porque en ambos casos no hablamos de realidades objetivas, sino de percepciones subjetivas y para eso, fundamentalmente, sirve el modo subjuntivo, para expresar aquellas acciones con cuya realidad no puede o no quiere comprometerse el hablante.

2.3. 👥 💬 Imagina qué les sucede a estas personas y reacciona a las conjeturas de tus compañeros.

Recuerda los recursos para expresar la probabilidad que acabas de estudiar en la página 76.

2.4. 👤 💬 Y ahora, ¿por qué no escribes algunas líneas sobre lo que deseas que te traiga la vida en el futuro y lo que es más probable que ocurra? Luego, coméntalo con tus compañeros.

3 ¿**Alguien** vio **algo**?

3.1. 👤 📝 Vamos a revisar un tema que ya conoces: los adjetivos y pronombres indefinidos. Para ello, busca los cinco distintos que hay en el texto sobre el Congreso Internacional de enigmas y completa esta tabla, añadiendo tú los que faltan.

	INDICAN EXISTENCIA		INDICAN INEXISTENCIA	
	personas	no personas	personas	no personas
Pronombres y/o Adjetivos Indefinidos				nada
	algún/alguno			
			ningún/ninguno	

3.2.  Contesta a estas preguntas usando un indefinido.

¿Tienes en el bolsillo algún billete de 200 pesos?

¿Ves alguna mochila o bolsa cerca de ti?

¿Tienes algún amigo latinoamericano?

¿Viste alguna película mexicana?

¿Hay diccionarios en la clase?

¿Hay algún animal en la escuela?

¿Hay alguien debajo de tu silla?

¿Alguien en la clase habla chino?

La **literatura** y el **cine** 4

4.1. Estos carteles de cine y este titular con su imagen tienen algo en común, ¿qué es? Traten de desarrollar la noticia aparecida en el periódico *El Universal*.

Jason Scott Lee Cary Elwes Lena Headey Sam Neill John Cleese

EL LIBRO DE LA
LA AVENTURA CON
DE RUDYARD KIPLING

Nacido entre hom
Criado entre anim
Destinado a la ave

John de la selva

Un niño ugandés de 15 años que fue cuidado por monos llega al Reino Unido para cantar en un coro

Mowgli y Tarzán, los niños salvajes más famosos de la literatura universal, tienen un compañero auténtico. Se llama John Ssabunnya, nació en Uganda hace probablemente 15 años y fue adoptado en su infancia por recogía leña en un claro de la selva cercano a aldea. Una familia de monos Vervet les molestaba. Hasta aquí, la escena era de lo más cotidiana. Uno de los simios, no obstante les llamó la atención. Gritaba y corría como

MITAD ARISTOCRATA...
MITAD SALVAJE.

El director de «Carros de Fuego» nos ofrece ahora la épica aventura de un hombre atrapado entre dos mundos opuestos

GREYSTOKE
LA LEYENDA DE
TARZAN
EL REY DE LOS MONOS

4.1.1. La vida de "John de la selva" es un misterio. Hablando de misterios, ¿qué vocabulario conoces? Relaciona el que te va a dar tu profesor con su definición correspondiente.

4.2. ⬚ 🗨 **¿Qué grandes misterios ha tratado el cine? De esas películas, ¿cuál prefieres y por qué?**

4.2.1. 👥 🗨 **¿Qué les sugieren estas otras imágenes? Utilicen los exponentes de probabilidad estudiados para explicarlas.**

4.2.2. ⬚ 🗨 **¿Les gusta leer?, ¿qué tipo de literatura?, ¿conocen alguna novela de algún escritor latinoamericano?, ¿prefieren una novela o una película basada en ella?**

4.3. 👤 📖 **Mira estas viñetas inspiradas en la obra *Crónica de una muerte anunciada* de un famoso escritor colombiano, Gabriel García Márquez. El misterio que subyace en ella es lo que provoca el interés del lector.**

4.3.1. 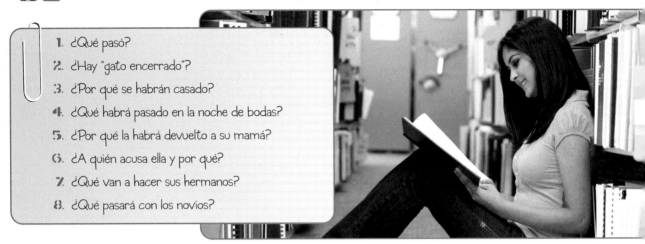 Por el título y las viñetas, ¿de qué creen que se trata?, ¿cuál puede ser el misterio?

4.3.2. Escucha este diálogo y señala a qué viñeta corresponde.
[16]

4.3.3. Ahora, respondan a las siguientes preguntas:

1. ¿Qué pasó?

2. ¿Hay "gato encerrado"?

3. ¿Por qué se habrán casado?

4. ¿Qué habrá pasado en la noche de bodas?

5. ¿Por qué la habrá devuelto a su mamá?

6. ¿A quién acusa ella y por qué?

7. ¿Qué van a hacer sus hermanos?

8. ¿Qué pasará con los novios?

4.3.4. Cambien sus respuestas con las de la pareja de al lado. De sus respuestas, comenten lo que les parece posible, poco probable, imposible y expliquen por qué.

4.3.5. Escucha, ahora, un resumen del argumento. Después, elige las respuestas correc-
[17] tas y compruébalas con las del ejercicio anterior.

1. ¿Dónde se sitúa la acción?
    a. En la capital de Colombia
    b. En un pequeño pueblo de Colombia
    c. En un pueblo de España

2. ¿En qué época?
    a. A principios del siglo XX
    b. A mediados del siglo XX
    c. A finales del siglo XX

3. ¿Qué adjetivo describe al novio?
    a. Forastero
    b. Orgulloso
    c. Pobre

4. ¿Qué adjetivo describe a Santiago Nasar?
    a. Misógino
    b. Ligón
    c. Gay

5. ¿Qué tema trata relacionado con la honra?
    a. El adulterio
    b. La virginidad
    c. La familia

6. ¿Qué decisión toman los hermanos de ella?
    a. Hablar con él
    b. Matarlo
    c. Darle una paliza

7. ¿Conocía Santiago Nasar su destino?
    a. Algo
    b. Sí
    c. No

8. ¿Por qué nadie le avisó?
    a. No se atrevían
    b. No querían
    c. Por diversas circunstancias

9. ¿Dónde murió?
    a. En su casa
    b. En la calle
    c. En el puerto

10. ¿Quién presenció el crimen?
    a. Nadie
    b. Varias personas
    c. Todo el pueblo

Argentina: *biaba*

4.3.6. Rectifiquen ahora sus respuestas del ejercicio 4.3.3.

4.3.7. 👤 📖 **Aquí tienes las primeras líneas de** *Crónica de una muerte anunciada***, léelas y contesta luego a las preguntas.**

"El día en que lo iban a matar, Santiago Nasar se levantó a las 5:30 de la mañana para esperar el buque en que llegaba el obispo. Había soñado que atravesaba un bosque de higuerones donde caía una llovizna tierna, y por un instante fue feliz en el sueño, pero al despertar se sintió por completo salpicado de cagada de pájaros. "Siempre soñaba con árboles", me dijo Plácida Linero, su madre, evocando 27 años después los pormenores de aquel lunes ingrato. "La semana anterior había soñado que iba solo en un avión de papel de estaño que volaba sin tropezar por entre los almendros", me dijo. Tenía una reputación muy bien ganada de intérprete certera de los sueños ajenos, siempre que se los contaran en ayunas, pero no había advertido ningún augurio aciago en esos dos sueños de su hijo, ni en los otros sueños con los árboles que él le había contado en las mañanas que precedieron a su muerte.

Tampoco Santiago Nasar reconoció el presagio. Había dormido poco y mal, sin quitarse la ropa, y despertó con dolor de cabeza y con un sedimento de estribo de cobre en el paladar, y los interpretó como estragos naturales de la parranda de bodas que se había prolongado hasta después de la media noche".

Crónica de una muerte anunciada. Gabriel García Márquez

Gabriel García Márquez nació en 1928 en Colombia. Ganó en 1982 el Premio Nobel de Literatura. Es autor de obras tan importantes como *Cien años de soledad, El amor en los tiempos del cólera, El otoño del patriarca* **y** *El coronel no tiene quien le escriba.*

4.3.8. 👤 📝 **Contesta verdadero o falso.**

	Verdadero	Falso
1. Ese día se levantó temprano para ir a esperar un barco.	☐	☐
2. Siempre que soñaba con árboles era feliz.	☐	☐
3. Santiago Nasar tenía veintisiete años cuando murió.	☐	☐
4. La mamá tenía buena fama como intérprete de sueños.	☐	☐
5. Para poder interpretar los sueños, la mamá tenía que comer antes.	☐	☐
6. La mamá estaba preocupada por los sueños de su hijo.	☐	☐
7. Santiago se sentía mal porque la noche antes había estado en la fiesta de una boda.	☐	☐

4.3.9. 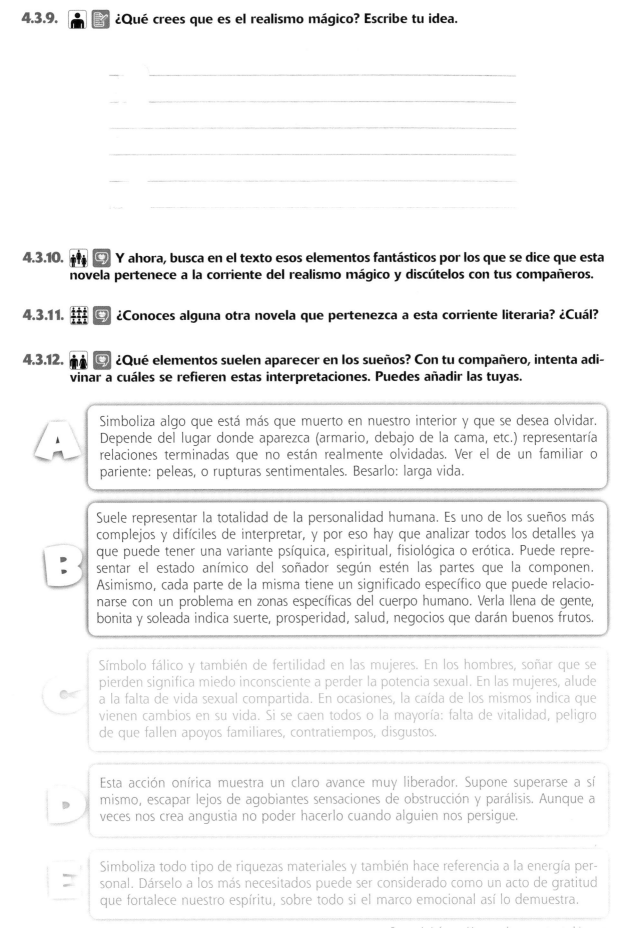 ¿Qué crees que es el realismo mágico? Escribe tu idea.

4.3.10. Y ahora, busca en el texto esos elementos fantásticos por los que se dice que esta novela pertenece a la corriente del realismo mágico y discútelos con tus compañeros.

4.3.11. ¿Conoces alguna otra novela que pertenezca a esta corriente literaria? ¿Cuál?

4.3.12. ¿Qué elementos suelen aparecer en los sueños? Con tu compañero, intenta adivinar a cuáles se refieren estas interpretaciones. Puedes añadir las tuyas.

A
Simboliza algo que está más que muerto en nuestro interior y que se desea olvidar. Depende del lugar donde aparezca (armario, debajo de la cama, etc.) representaría relaciones terminadas que no están realmente olvidadas. Ver el de un familiar o pariente: peleas, o rupturas sentimentales. Besarlo: larga vida.

B
Suele representar la totalidad de la personalidad humana. Es uno de los sueños más complejos y difíciles de interpretar, y por eso hay que analizar todos los detalles ya que puede tener una variante psíquica, espiritual, fisiológica o erótica. Puede representar el estado anímico del soñador según estén las partes que la componen. Asimismo, cada parte de la misma tiene un significado específico que puede relacionarse con un problema en zonas específicas del cuerpo humano. Verla llena de gente, bonita y soleada indica suerte, prosperidad, salud, negocios que darán buenos frutos.

C
Símbolo fálico y también de fertilidad en las mujeres. En los hombres, soñar que se pierden significa miedo inconsciente a perder la potencia sexual. En las mujeres, alude a la falta de vida sexual compartida. En ocasiones, la caída de los mismos indica que vienen cambios en su vida. Si se caen todos o la mayoría: falta de vitalidad, peligro de que fallen apoyos familiares, contratiempos, disgustos.

D
Esta acción onírica muestra un claro avance muy liberador. Supone superarse a sí mismo, escapar lejos de agobiantes sensaciones de obstrucción y parálisis. Aunque a veces nos crea angustia no poder hacerlo cuando alguien nos persigue.

E
Simboliza todo tipo de riquezas materiales y también hace referencia a la energía personal. Dárselo a los más necesitados puede ser considerado como un acto de gratitud que fortalece nuestro espíritu, sobre todo si el marco emocional así lo demuestra.

Para más información consultar www.tarotsabio.com

4.3.13. 👤🏠 **Cuéntanos algún sueño que hayas tenido...**

Autoevaluación

1. **¿Qué exponentes de probabilidad se utilizan con el modo subjuntivo? ¿Y con indicativo?**

2. **Escribe cuatro exponentes que sirvan para expresar probabilidad.**

3. **En el vocabulario relacionado con misterios, ¿recuerdas algún sinónimo de *enigma* y de *resolver*?**

4. **¿Con cuáles de estas situaciones o actividades se podría haber practicado la expresión de probabilidad?**

   ☐ Resolver el misterio de un robo.   ☐ Redactar un currículum.

   ☐ Hacer un diagnóstico médico.   ☐ Hacer conjeturas sobre el más allá.

   ☐ Hacer una entrevista de trabajo.   ☐ Hablar del origen del universo.

   ☐ Comentar una película.

5. **¿Recuerdas tres de las supersticiones que tratamos?**

6. **¿Quién escribió *Crónica de una muerte anunciada* y a qué corriente literaria pertenece esta novela?**

7. **¿Qué tipo de textos prefieres trabajar en clase?**

   ☐ Literarios
   ☐ Periodísticos
   ☐ Cartas
   ☐ Científicos
   ☐ Legales
   ☐ Otros

   Ya sabes que para practicar la comprensión lectora lo mejor es leer, y cuanto más variados sean los textos mejor.

MITOLOGÍA MAYA Y AZTECA

1.  ¿Qué conoces de estas dos culturas? Relaciona junto con tu compañero estas informaciones sobre los mayas o los aztecas.

MAYA	AZTECAS
b	

a. Elaboraron un calendario que fija con gran exactitud el año solar en 365 días.
b. Tenían diversas lenguas. ✓
c. Hablaban náhuatl.
d. Con gran conocimiento de Matemáticas y Astrología, crearon un calendario que contiene las figuras o imágenes de sus días, meses y soles (ciclos cósmicos).
e. También se llama cultura mexica.
f. Procedían de un lugar llamado Aztlán.
g. Habitaron parte de México, así como Belice, Guatemala y gran parte de Honduras.
h. Su capital era Tenochtitlán.
i. Tenían mucho dominio del Cálculo y de las Matemáticas (conocían el número 0).

1.1. Lean los textos que les va a entregar su profesor y confirmen sus respuestas.

1.2. Conforme a lo que leyeron, ¿pueden decir a qué corresponden estas imágenes?

 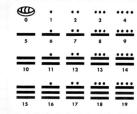

2. Lee y ordena este mito: la creación del mundo y del hombre, según la mitología maya.

> La creación del mundo y de los hombres según los mayas aparece recogida en el Popol Vuh, uno de los textos más importantes de la tradición literaria escrito después de la llegada de los españoles en lengua quiché.

[1] "Esta es la relación de cómo estaba todo en suspenso, todo en calma, en silencio; todo inmóvil, callado, y vacía la extensión del cielo".

[ ] En el tercer intento se hizo al hombre de tzité y a la mujer de españada, pero estos no pensaban ni hablaban con sus creadores. Fueron aniquilados y desfigurados. De ellos descienden los monos y por eso se parecen a nosotros.

[ ] Todo estaba oscuro, solo los progenitores que crearon el cielo y la tierra. También se crearon las corrientes de agua. Más tarde, crearon a los animales, para cuidar a los árboles y a las plantas.

[ ] Por último se hizo al hombre con el maíz, su comida. Al principio se creó a cuatro hombres: Balam-Quitze, Balam-Acab, Mahucutah y Iqui-Balam.

CONTINÚA ••••⫶•

☐ Luego lo hicieron de madera y sí se sostenía, andaba y hablaba, pero no tenían memoria y no recordaban a sus creadores. Por ello, no podrían adorarles. No tenían entendimiento y andaban sin rumbo fijo. Fueron destruidos.

☐ Pero no hablaban, sólo emitían graznidos, chillaban o cacareaban y no podían adorar a sus creadores. Ante este fracaso quisieron hacer al hombre.

☐ En el primer intento hicieron al hombre de barro, pero no se podía sostener, ni andar y se deshizo.

8 "Estos son los nombres de nuestras primeras madres y padres".

2.1. 👤 📝 Escribe en orden los materiales de los que hicieron al hombre:

1. ....   2. ....   3. ....   4. ....

2.2. 👤 📝 ¿Por qué fueron destruidas las tres primeras creaciones?

1. ....

2. ....

3. ....

3. 👫 💬 Los mayas en sus manuscritos dejaron predicciones sobre su futuro. Hoy en día hay muchas interpretaciones sobre estas predicciones como las que aparecen a continuación. Cuenta a tu compañero la profecía de la que tienes información.

ALUMNO A

Una profecía nos dice que el mundo de odio y materialismo terminará el día 21 de diciembre del 2012 (aunque creemos que todo será a partir de la fecha de octubre 28 del 2011 "13 Ajau"), y con ello el final del miedo; en este día la humanidad tendrá que escoger entre desaparecer como especie pensante que amenaza con destruir al planeta tierra, o evolucionar hacia la integración armónica en conjunción con el universo en su totalidad, comprendiendo y tomando conciencia de que todo está vivo y que somos parte de ese todo y que podemos existir en una nueva era de luz planetaria.

ALUMNO B

Una profecía maya dice que una ola de calor aumentará la temperatura del planeta, produciendo cambios climatológicos, geológicos y sociales en una magnitud sin precedentes, y a una velocidad asombrosa. Los mayas dicen que el aumento de la temperatura se dará por varios factores, uno de ellos generado por el hombre que, en su falta de armonía con la naturaleza, solo puede producir procesos de autodestrucción; otros serán generados por el sol, que, al acelerar su actividad por el aumento de vibración, produce más radiación, aumentando la temperatura del planeta.

www.profecias-mayas.com

▷ ¿Qué piensan sobre estas profecías?

▷ ¿Creen que sucederán?

4. 👤 📝 Escriban una profecía que piensen pueda suceder en un futuro. Cuéntensela a sus compañeros. ¿Qué piensan?

5. 🏠 💬 Vamos a conocer un mito de la cultura Azteca: la creación de los cinco soles. Busca información en Internet sobre este mito y explícalo al resto de la clase.

7 Unidad

Contenidos funcionales
- Valorar y opinar
- Destacar o dar importancia a algo
- Expresar acuerdo y desacuerdo
- Organizar nuestras palabras: argumentar

Contenidos gramaticales
- Verbos y fórmulas de opinión tipo:
  - *me parece/es* + adjetivo + *que* + subjuntivo
  - *me parece/está* + adverbio + *que* + subjuntivo
  - *es un/una* + sustantivo + *que* + subjuntivo
  - *es cierto/evidente* + *que* + indicativo
  - *está claro* + *que* + indicativo
- Estructura: *lo más/menos* + adjetivo + *es*
- Argumentación: organizadores del discurso
- Pronombres sujeto: función enfática

Contenidos léxicos
- La ecología

Contenidos culturales
- Contraste de expresiones: español de México y español de América
- Chico Méndes, activista ambiental
- *Cuando los ángeles lloran* de Maná

Nos conocemos
- Protejamos América Latina

1 Estamos muy verdes

1.1. Aquí tienes algunas palabras sobre ecología. Unas son positivas y otras negativas con respecto al medioambiente. Con tu compañero, clasifícalas y explica por qué.

- sequía
- reciclaje
- envases de plástico
- basura
- botes de basura
- contaminación
- pilas
- consumo
- industria
- gases contaminantes
- transporte
- ahorro

- cuidado
- protección
- energía eléctrica
- incendio
- daño
- latas
- conservación
- papel reciclado
- inundaciones
- recogida selectiva
- vertidos
- ONG

1.2. Ahora, encuentra las acciones que se relacionan con los siguientes nombres. Ayúdate de un diccionario monolingüe.

1. El reciclaje ......**RECICLAR**........	**7.** El daño ....
2. La basura	**8.** La conservación ....
3. La contaminación	**9.** El cuidado ....
4. El consumo	**10.** La protección ....
5. El ahorro	**11.** El incendio...........................
6. Los vertidos	**12.** Las inundaciones ....

1.3. 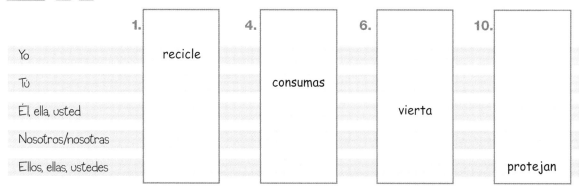 Escribe el presente de subjuntivo de los verbos 1, 4, 6 y 10 del ejercicio anterior.

	1.	4.	6.	10.
Yo	recicle			
Tú		consumas		
Él, ella, usted			vierta	
Nosotros/nosotras				
Ellos, ellas, ustedes				protejan

> **España:** *Vosotros/as protejáis*

> **Argentina:** *Vos protejas*

1.4.  Lee este texto que escribieron unos ecologistas. Es un manifiesto a favor del sentimiento ecológico.

MANIFIESTO

En primer lugar, creemos que es necesario que, entre todos, reconstruyamos las ricas sociedades del norte para que produzcan en función de las necesidades humanas y no en función de las necesidades de los pocos ricos del mundo. Es decir, nos parece urgente que se disminuya el gran consumo de la sociedad actual. Por otra parte, es importante que se reduzca el gasto energético actual; creemos que hay que desarrollar las energías renovables y disminuir el consumo de energía en sectores como el transporte, por ejemplo.

En cuanto al reciclaje, es conveniente que se haga una publicidad negativa sobre la compra de objetos de usar y tirar, objetos no retornables, y que los gobiernos prohíban su creación y producción. Es verdad que se está trabajando en ello, pero no es suficiente.

Sabemos que, en países donde llueve poco, es urgente que los gobiernos controlen el mal uso del agua; una posible solución pensamos que puede ser realizar programas de educación para aprender a ahorrar agua.

Finalmente, nos parece muy negativo que haya países que todavía hagan prácticas militares con armas nucleares.

En conclusión, es evidente que tenemos muchas cosas que hacer en este siglo que comienza y está claro que tenemos que cambiar nuestra forma de trabajar, producir y consumir.

Ecologistas fundidos

1.4.1. Con tu compañero, busca las expresiones de opinión y valoración que encuentres en el texto.

Con indicativo	Con subjuntivo

ⓘ

- **Para hacer valoraciones** se usa el subjuntivo:

  Me parece/es + adjetivo
  Me parece/está + adverbio } + *que* + subjuntivo
  Es un/una + sustantivo

  Ejemplo: *Me parece increíble*
  Está mal } *que sigan funcionando las centrales nucleares.*
  Es una pena

- **Para confirmar lo evidente, una realidad**, se usa el indicativo:

  Es + cierto/evidente/verdad/indudable + *que* + indicativo
  Está + claro + *que* + indicativo

  Ejemplo: *Está claro que todavía tenemos que hacer mucho más a favor del medioambiente.*

1.5. 👤 📝 **Completa las frases con indicativo o subjuntivo, eligiendo el verbo adecuado.**

> haber • ser • ponerse • seguir • tirar • ir(se) • empezar

1. Es normal que (nosotros) .... morenos rápidamente; el agujero de la capa de ozono tiene la culpa.

2. Me parece mal que .... restricciones de agua en el verano, si hay sequía, el gobierno tiene que adoptar otro tipo de soluciones.

3. ¿Es cierto que Patricia Arendar .... la directora mexicana de Greenpeace?

4. Nos parece increíble que .... fabricando pilas de botón. ¡Son muy, muy contaminantes y todo el mundo lo sabe!

5. Es posible que .... con una ONG a ayudar en las últimas inundaciones.

6. Es mejor que no .... la basura por la mañana, porque con el calor hay malos olores en los botes de basura.

7. Es verdad que este gobierno .... mucho más ecologista que el anterior. ¡Menos mal!

8. Esta claro que con la sequía de este invierno .... a haber muchos más incendios este año.

9. Es necesario que la gente .... a usar los transportes públicos de forma masiva.

10. No es lógico que .... fabricando armas nucleares.

1.6. 👤 📝 **Enlaza de una forma lógica. Puede haber varias posibilidades.**

1	Les parece fantástico	•	• a	que haya tanta contaminación en las grandes ciudades y que se haga tan poco para disminuirla.
2	Es horrible	•	• b	que hagan experimentos con animales.
3	Es verdad	•	• c	que haya castigos más duros contra las industrias que dañan el medioambiente.
4	Me parece interesante	•	• d	que el egoísmo es el principal culpable del daño al medioambiente.
5	Creo que es urgente	•	• e	que el ruido en las grandes ciudades empieza a ser un tema muy preocupante.
6	Está claro	•	• f	que en la oficina solo se use papel reciclado.
7	Me parece increíble	•	• g	que los gobiernos se tomen en serio el tema de la protección del medioambiente.
8	Nos parece fatal	•	• h	que todavía haya países con bombas nucleares.

1.7. 👪💬 Agrúpense según el país de donde son, la región, la ciudad... y tomen notas sobre el sentimiento ecológico que tiene la gente y sobre los espacios naturales que ofrece. ¿En qué estado están?, ¿el gobierno se ocupa de ellos?... Tomen como ejemplo el texto de la actividad 1.4.

Contaminación, reciclaje, vertidos, soluciones gubernamentales...

1.7.1. 👥💬 Ahora, explíquenlo a la clase y comparen toda la información.

Cuando queremos destacar o dar importancia a una parte de nuestra opinión sobre un tema, podemos utilizar las siguientes estructuras:

$$Lo \begin{Bmatrix} más \\ menos \end{Bmatrix} \begin{Bmatrix} urgente \\ importante \\ grave \\ necesario \end{Bmatrix} \begin{matrix} es + \text{infinitivo/nombre sing.} \\ es/son + \text{nombre plural} \end{matrix}$$

Lo más urgente es sustituir las energías contaminantes por otras.

Lo más importante es la sustitución de energías contaminantes por otras.

Está **más claro que** el agua 2

2.1. 👥💬 Mira estas fotos y di qué te sugieren.

2.1.1. 👥 💬 **Reflexiona unos minutos y toma notas... ¿Qué es para ti lo más...? Ahora, reúnete con tu compañero y comparen sus prioridades.**

- Lo más importante de esta vida es/son...

- Lo más conflictivo de la industria es/son...

- Lo más urgente en mi ciudad es/son...

- Lo más grave en el mundo es/son...

- Lo mejor del reciclaje es/son...

- Lo peor de los zoológicos es/son...

- Lo más interesante de las ONG es/son...

- Lo más necesario en mi país ahora es/son...

2.2. 🔲 💬 **Es importante vivir cómodo y bien. ¿Qué es lo prioritario para ti en una ciudad? Ordena de más a menos importante y escribe tus conclusiones. Observa el cuadro que te damos a continuación.**

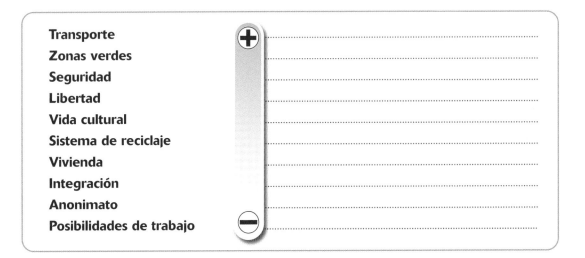

Transporte
Zonas verdes
Seguridad
Libertad
Vida cultural
Sistema de reciclaje
Vivienda
Integración
Anonimato
Posibilidades de trabajo

ⓘ Argumentar

Cuando queremos dar una opinión, muchas veces introducimos varias ideas. Para organizar nuestras ideas, tenemos los siguientes elementos en español, entre otros:

1. Para introducir la enumeración de ideas:
> *En primer lugar*
> *Para empezar*
> *Por una parte*

2. Para continuar con la siguiente idea, o añadir información:
> *En segundo/tercer lugar*
> *Además*
> *Asimismo*
> *Por otra parte*

3. Para introducir un nuevo argumento o idea:
> *Respecto a*
> *En cuanto a*

4. Para introducir una idea que se opone o contrasta con lo que hemos dicho antes:
> *Pero*
> *Sin embargo*

5. Para expresar causa:
> *Porque*
> *Ya que*
> *Puesto que*

6. Para concluir/finalizar:
> *Por último*
> *En definitiva*
> *Para terminar*

2.3. 👥 📝 Abajo tienes un artículo sobre la contaminación acústica. Las frases están mezcladas y desordenadas. Señala primero las palabras que ayudan a organizar el artículo y clasifícalas según su función.

1. Para introducir la enumeración de ideas

2. Para continuar con la siguiente idea, o añadir información

Por otra parte,

3. Para un nuevo argumento o idea

4. Para introducir una idea que se opone o contrasta con lo que decimos antes

5. Para expresar causa

6. Para concluir, finalizar

2.3.1. 👥 📝 Ahora, encuentren el orden del texto ayudándose de las palabras de enlace y de la puntuación.

☐ **a** Respecto a la lucha contra el ruido desgraciadamente es difícil,

1 **b** El ruido está considerado como la principal resonancia ambiental de la vida moderna.

☐ **c** Por otra parte, parece ser que las otras resonancias ambientales tienden más bien a disminuir,

☐ **d** Por una parte, algunos especialistas afirman que más de 8 millones de personas en el Distrito Federal están expuestas a más de 65 decibelios,

☐ **e** sin embargo, y por el contrario, el ruido está aumentando en todos los sitios.

☐ **f** ya que sus fuentes son múltiples y aumentan sin cesar;

☐ **g** y que además un 30% más de personas estará expuesto a un nivel sonoro inaceptable en el año 2015.

☐ **h** En definitiva, para muchos ciudadanos en la mayoría de los países industrializados el ruido representa un enemigo demasiado cercano.

☐ **i** además, la protección contra el ruido es igualmente difícil puesto que es costosa.

☐ **j** Asimismo, afirman que 65 decibelios es el límite a partir del cual comienzan las perturbaciones fisiológicas, particularmente la del sueño.

2.3.2.  Escribe ahora tu opinión sobre el artículo que leíste. ¿Tienes soluciones para este tipo de contaminación? Compara el nivel de ruido en México con el de tu país.

3 | Tenemos voz y voto

3.1. [18] Escucha a estas tres personas y di de qué platican. Vuelve a escuchar y señala las informaciones correctas.

1. El comercio es uno de los sectores más contaminantes.

2. María se enteró de que por cada kilómetro que se recorre en carro se emiten 400 g de CO_2.

3. Ana va a dejar de comer carne para evitar el cambio climático.

4. Si lavas los platos a mano colaboras con el medioambiente.

5. Todos muestran preocupación por el cambio climático.

ⓘ Expresar y pedir opinión

1. Para dar una opinión tenemos varios instrumentos en la lengua:

Creo que + indicativo
No creo que + subjuntivo

Para mí,
A mi modo de ver, } + opinión

Opinión + *vamos, creo yo*

(A mí) me parece que + indicativo
(A mí) no me parece que + subjuntivo

CONTINÚA ····⦂·

2. Para pedir una opinión podemos utilizar:

¿Tú qué crees?
¿A ti qué te parece?
¿Tú qué opinas?
¿Tú qué dices?
¿Tú cómo lo ves?

....

¿Usted qué cree?
¿A usted qué le parece?
¿Usted qué opina?

Muchas veces usamos los pronombres personales para marcar bien que **nosotros** estamos dando nuestra opinión o para contrastarla con la de los demás. Aquí, los pronombres personales tienen una función de énfasis y de contraste.

Creo que sí.
Yo creo que sí, pero él cree que no.

3.2. Sobre estos temas, ¿qué prefieren? Usen los organizadores del discurso. Comenten al resto de compañeros sus coincidencias y diferencias. No se olviden de los pronombres sujeto.

- Comer productos frescos o congelados.

- Trabajar para mejorar la tecnología o para mejorar nuestra relación con la naturaleza.

- Vivir en una ciudad grande o en un pueblo.

- Ir de vacaciones a Nueva York o a una casa rural en la montaña.

- Tener animales en casa o verlos por la tele.

- Usar envases de cristal o de plástico.

(i) Acuerdo y desacuerdo. Contrastar opiniones

1. Para mostrar acuerdo o desacuerdo con las opiniones de otros podemos usar:

- Yo (no) estoy de acuerdo **con** { *esa idea* / *Luis* / **lo de** + { nombre o infinitivo / **que** + subjuntivo } } **porque...**

  Yo no estoy de acuerdo con lo de prohibir los carros en el centro de las ciudades.

- Yo (no) creo que **lo de** + nombre o infinitivo + subjuntivo

  Yo no creo que lo de prohibir los carros en el centro de las ciudades solucione el problema.

Usamos **lo de** o **eso** para hacer referencia a las palabras que ha dicho otra persona.

Yo (no) estoy de acuerdo con { *eso.* / *lo de ir al cine.* }

2. Para mostrar que estamos de acuerdo parcialmente utilizamos **pero** y **sin embargo**. Es una manera de introducir nuestra opinión, que será diferente de la que escuchamos anteriormente. Una forma de contrastar opiniones:

- Sí, { *estoy de acuerdo,* / *claro,* / *por supuesto,* / *desde luego,* / *tienes razón,* } { **pero** / **sin embargo** } + opinión

  ▶ *Los carros contaminan muchísimo la atmósfera.*
  ▷ *Sí, estoy de acuerdo, pero son necesarios en la vida de hoy.*

3. Cuando queremos mostrar que estamos totalmente en desacuerdo, casi enfadados, podemos usar:

*Pues yo no pienso **así, ¿eh?***
*Pues yo no estoy **para nada** de acuerdo.*
***Ni hablar**, eso no es así.*
¡Pero de qué hablas!/¿Cómo crees?
No tienes ni idea de lo que estás diciendo.

3.3. [👤] [🔊] [19] **Vas a oír un programa de radio. El locutor planteará a sus <u>radioescuchas</u> tres preguntas sobre sus inquietudes ecológicas. Escúchalas y prepara por escrito tus respuestas.**

> **España:** *oyentes*
>
> **Argentina:** *oyentes*

3.3.1. [👥] [💬] **Escucha de nuevo y da tu opinión. Puedes intervenir cuando no estés de acuerdo con las opiniones de tus compañeros.**

3.3.2. [👥] [💬] **Ahora vas a hacer dos preguntas más a tu compañero y él te responderá.**

3.4. 🧍 🎧 **Vas a escuchar a diferentes personas que hablan sobre el medioambiente.**
[20] **Escucha las reacciones a las opiniones y pon una X en la columna que tú creas. Pon especial atención en la entonación y la forma de decirlo.**

Acuerdo total	Acuerdo parcial	Desacuerdo
1. ☐	1. ☐	1. ☐ ....
2. ☐	2. ☐	2. ☐ ....
3. ☐	3. ☐	3. ☐ ....
4. ☐	4. ☐	4. ☐ ....
5. ☐	5. ☐	5. ☐ ....

3.4.1. 👫 🎧 **Vuelve a escuchar y escribe en el cuadro anterior las expresiones que indican**
[20] **acuerdo total, acuerdo parcial y desacuerdo. Comenta los resultados con tu compañero.**

3.4.2. 🧍 📖 **Marca con un círculo las opiniones con las que estás de acuerdo.**

LA CULPA DE LA SITUACIÓN DEL MEDIOAMBIENTE LA TIENEN LOS POLÍTICOS.

LAS AGRESIONES CONTRA EL MEDIOAMBIENTE DEBERÍAN SER CASTIGADAS DURAMENTE.

EL PROBLEMA DE LA CONTAMINACIÓN NO TIENE SOLUCIÓN.

LAS ORGANIZACIONES ECOLOGISTAS EXAGERAN. EL TEMA NO ES TAN GRAVE COMO DICEN.

DEBERÍAN PROHIBIR LA CIRCULACIÓN DE LOS CARROS POR EL CENTRO DE LAS CIUDADES.

3.4.3. 🏫 💬 **Ahora, busca un compañero que las comparta, formen un equipo. Busquen tres argumentos a favor de las opiniones con las que estén de acuerdo y tres con las que estén en contra. Vamos a hacer un debate en clase.**

3.4.4. [icon] [icon] **Lleguen a un acuerdo entre todos y escriban en una cartulina las conclusiones a las que llegaron acerca de los temas que tocaron en la reunión. Peguen el resultado en la pared del salón. ¡Tengan en cuenta todo lo estudiado en la unidad! Como punto de referencia tienen el manifiesto de *Ecologistas fundidos* en la actividad 1.4.**

> **Ejemplo:** *En primer lugar, todos estamos de acuerdo con lo de que nuestra ciudad no es una ciudad ecológica, sin embargo...*

Autoevaluación

1. Escribe diez acciones relacionadas con la ecología:

1. ....
2. ....
3. ....
4. ....
5. ....
6. ....
7. ....
8. ....
9. ....
10. ....

2. Ahora, ¿puedes explicar la diferencia entre dar una opinión y valorar?

3. Valora de 1 a 5, en función de tus preferencias:

	1	2	3	4	5
1. Los ejercicios donde practico la gramática de una forma directa.	☐	☐	☐	☐	☐
2. Los textos que me hacen reflexionar sobre la gramática.	☐	☐	☐	☐	☐
3. Las actividades con las que, sin darme cuenta, estoy practicando gramática.	☐	☐	☐	☐	☐
4. Los ejercicios en los que aprendo vocabulario y gramática al mismo tiempo.	☐	☐	☐	☐	☐

Recuerda siempre que estudiar una lengua no quiere decir solamente estudiar gramática. Piensa que la gramática está detrás de cada mensaje que tú quieres comunicar, piensa que la gramática solo es un instrumento al servicio de la comunicación. No te obsesiones con ella.

PROTEJAMOS AMÉRICA LATINA

1. Habla con tu compañero sobre las preguntas que te hacemos a continuación:

- ¿Te interesan los viajes donde estás en contacto con la naturaleza?
- ¿Hay alguna especie animal o vegetal que te gustaría conocer?
- ¿Conoces algún parque o reserva natural de tu país?
- ¿Conoces algo de la flora y fauna de México?

2. En un minuto, escribe todas las ideas que relaciones con la siguiente frase. Después, coméntalo con tus compañeros. ¿En cuántas ideas coinciden?

La vida también debe moverse si quiere sobrevivir

3. Vas a leer un texto sobre el *Santuario de la Mariposa Monarca*, uno de los grandes misterios de la naturaleza que tienen lugar en México. La mariposa monarca es un patrimonio universal y es una responsabilidad de los mexicanos su conservación. Completa el texto con las siguientes frases.

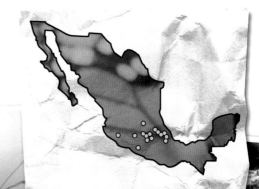

La llegada de las monarcas tiene además un significado místico

se requiere permiso previo para visitar el Santuario

que sirven de refugio a millones y millones de estas increíbles mariposas

y cambios en la temperatura del aire

que revolotean sin cesar por todo el bosque

Solo una de cada cinco sobrevive al peligro de una migración tan larga

Santuario de la Mariposa Monarca
(Michoacán)

En un planeta en constante movimiento, que sufre la implacable sucesión de las estaciones **(1)** ...., la vida también debe moverse si quiere sobrevivir.

En los alrededores de la Ciudad de Morelia, estado de Michoacán (México), se localiza el famoso **Santuario de la Mariposa Monarca**, declarado en el año 2008 "Patrimonio Natural de la Humanidad" por la Unesco. El lugar está cubierto de bosques **(2)** .... que alcanzaron fama internacional, debido a que la especie recorre anualmente más de 4000 km desde Canadá y Estados Unidos hasta el centro de México, realizando un recorrido de más de 25 días.

Al terminar el verano, los días se hacen más cortos y disminuye la temperatura. La falta de control de la temperatura interna y la escasez de alimentos por el frío invierno, la obligan a desplazarse hacia latitudes más cálidas. Casi cinco mil millones de mariposas viajan al sur, a México. **(3)** ....

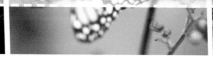

Pero son tantas que cien millones consiguen terminar el viaje para pasar el invierno en el bosque que les garantizará la supervivencia hasta la llegada de la primavera. Cómo algo tan frágil y pequeño es capaz de atravesar todo un continente para llegar a un lugar donde nunca ha estado sigue siendo uno de los misterios de la Naturaleza.

continúa...

Cada año, entre octubre y marzo, millones de mariposas monarca encuentran en los bosques mexicanos, las condiciones ideales para desarrollarse y aparearse. (4) .... Es la fiesta mexicana del día de los muertos. Los campesinos acuden a los cementerios con incienso y velas para dar la bienvenida a las almas de sus seres queridos. Como la llegada de las monarcas coincide con el día de los muertos, muchos lugareños creen que los espíritus de sus seres queridos vuelven a casa en las alas de las mariposas. Pasan el invierno en los bosques de Michoacán y Estado de México en colonias que tapizan el verde de pinos y abetos con una capa de alas naranjas (5) ...., es una experiencia natural que atrae cada año cientos de visitantes entre los meses de octubre y marzo cuando es posible observarlas. Estos retiros de invierno son hoy reservas protegidas.

Los dos principales santuarios de la Mariposa Monarca en el Estado de Michoacán son el de Sierra Chincua y El Rosario, en ambos se pueden realizar paseos a pie y a caballo entre los bosques, siempre respetando las normas medioambientales para no interferir con la reproducción de la especie. El Rosario, que se localiza en el Municipio de Ocampo, en el Estado de Michoacán, se caracteriza por ser el único con andador turístico. La reserva de Sierra Chincua está constituida primordialmente por densos bosques de oyamel o abeto, que son el hogar de las mariposas y donde completan su ciclo de vida en la estación invernal. Por ser una reserva ecológica (6) ....
....

A mediados de febrero, cuando la temperatura aumenta y los días se hacen más largos, las mariposas empiezan a aparearse y buscan flores para extraer el néctar, pues hace falta acumular energía para el regreso. Con la llegada de la primavera, inician la migración hacia el norte. Las hembras lideran el gran éxodo, llevando a Norteamérica además de los huevos fertilizados, el secreto de cómo una distante generación futura volverá a encontrar su refugio invernal. Completando así uno de los viajes más misteriosos y bellos de la Tierra. De esta forma podrán completar la migración de insectos más larga del planeta.

4. 👤 📝 **Lee la siguiente información y di a qué párrafo del texto pertenece.**

a. .... Se piensa que los espíritus de los familiares difuntos llegan en las alas de las mariposas.

b. .... Declarado "Patrimonio Natural de la Humanidad" por la Unesco.

c. .... En primavera emprenden de nuevo su viaje al norte, completando su misterioso ciclo de la vida.

d. .... La supervivencia de muchas especies se da gracias a las migraciones.

e. .... Los santuarios se encuentran en reservas protegidas.

f. .... La temperatura interna y la escasez de alimento obligan a las mariposas monarcas a desplazarse a zonas más cálidas.

5. 🏠 🎧 **¿Qué animales están en peligro de extinción en tu país? A continuación te presentamos diferentes animales de Latinoamérica que se encuentran en peligro de extinción. Escucha la siguiente audición y completa el cuadro.**
[21]

	Animal en peligro de extinción	Lugar donde vive	Causa de la extinción
1			
2			
3			
4			
5			
6			
7			
8			

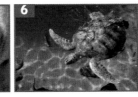

Revisión 1

Contenidos funcionales

- Expresar cortesía
- Hablar del pasado. Situar una acción anterior a otra en el pasado
- Convencer, atraer la atención y animar a la acción
- Expresar/preguntar por sensaciones físicas
- Dar consejos, recomendaciones y soluciones
- Expresar deseo
- Felicitar, agradecer
- Expresar probabilidad
- Rechazar una invitación o un ofrecimiento
- Valorar y opinar
- Organizar nuestras palabras
- Argumentar

Contenidos gramaticales

- Modo indicativo; imperativo; presente de subjuntivo; pospretérito
- *Ojalá* + subjuntivo
- Marcadores de probabilidad: *a lo mejor, quizás...*
- Verbos y fórmulas de opinión del tipo: *es/está* + adj. + *que* + ind./subj.
- Argumentación: organizadores del discurso

Contenidos léxicos

- Léxico relacionado con el radio y la publicidad

Contenidos culturales

- El radio en los países latinos

Vamos a subir la antena y a meternos en el mundo del radio. Crearemos entre todos una estación de radio en español, pero para eso tendremos antes que escuchar distintas estaciones en español, sacar sus características, valorarlas y criticarlas, para después elegir el nombre de nuestra estación, su dial, sus contenidos, su música..., formar equipos y repartirnos las distintas secciones que habrá en ella; crear los programas y, por fin..., grabar el resultado.

1 👥 💬 Antes de crear un producto hay que espiar a la competencia para mejorar lo que hay en el mercado, tomar lo bueno de ellos, desechar lo malo y añadir lo nuevo y original. Navega en Internet con tu compañero y métete en una de estas direcciones:

http://www.elcastellano.org/radios.html

http://www.radio-locator.com

Encontrarás diferentes estaciones de radio en español, elige dos y escucha diez minutos cada una. Pero antes lee el informe que deberán realizar:

1. ¿Qué nombre tiene la primera estación de radio? ....

¿Les gusta el nombre?　☐ mucho　☐ bastante　☐ poco　☐ no

¿Por qué? ....

¿Qué nombre tiene la segunda? ....

¿Les gusta el nombre?　☐ mucho　☐ bastante　☐ poco　☐ no

¿Por qué? ....

2. ¿Tiene la primera una frase identificativa, un eslogan? ....

¿Les gusta?　☐ mucho　☐ bastante　☐ poco　☐ no

¿Por qué? ....

¿Tiene la segunda una frase identificativa, un eslogan? ....

¿Les gusta?　☐ mucho　☐ bastante　☐ poco　☐ no

¿Por qué? ....

3. Marquen el tipo de información que ofrecen en la página web

☐ publicidad　　☐ encuestas　　☐ programación

☐ noticias breves　☐ concursos　　☐ otros ....

4. ¿Les dieron ideas para su futura estación?

☐ muchas　☐ bastantes　☐ pocas　☐ ninguna

Especifiquen ....

CONTINÚA ••••┆┇

5. En los diez minutos que escucharon, ¿qué contenidos ofrecieron?

☐ música   ☐ noticias   ☐ opiniones de radioescuchas

☐ su eslogan   ☐ su sintonía   ☐ otros ....

☐ la hora   ☐ deportes

☐ tertulias   ☐ entrevistas

☐ comerciales   ☐ consultorio sentimental

España: *anuncios*

Argentina: *propagandas*

6. ¿Cómo eran los locutores?

☐ vocalizaban   ☐ hablaban rápido   ☐ hablaban despacio

☐ voz interesante   ☐ voz chillona   ☐ voz ronca

☐ voz alegre   ☐ voz monótona

7. ¿Cuándo escucharon la radio?

☐ en la mañana   ☐ en la tarde   ☐ en la noche

2 👫 📝 **Hagan el informe y valórenlo.**

3 👫 📝 **Con los resultados obtenidos, saquen conclusiones y elaboren un informe para exponerlo en clase.**

4 👫 💬 **Llegó el momento de crear su estación de radio en español. Para ello van a reunirse y a decidir entre todos algunos puntos importantes. Elijan un secretario y un moderador que recojan sus decisiones por escrito:**

- Tipo de radioescucha
- Especializada o no
- Un nombre y el dial
- Una música que identifique la estación
- Una frase o eslogan que la identifique
- Horario del programa
- Programas

5 👫 🌐 **Ahora que ya tienen claro cómo va a ser su estación y los contenidos que tendrá, formen grupos para crear las distintas secciones que elijan. Una vez elegidas las secciones, su profesor les dará unas fichas de trabajo.**

6 👫 💬 **Si ya lo tienen todo listo, solo queda ensayar, dar entre todos un orden al programa y... grabar.**

Autoevaluación

1. La revisión me parece: ☐ fácil   ☐ difícil   ☐ útil   ☐ larga

2. Tuve problemas con: ☐ Internet   ☐ las audiciones
☐ la preparación de las secciones del programa

3. Con este tipo de tareas: ☐ aprendo mejor   ☐ lo que aprendo lo aplico a la realidad
☐ pierdo el tiempo   ☐ puedo reflexionar sobre la lengua

4. Necesito mejorar: ☐ mi expresión oral   ☐ mi comprensión oral
☐ mi expresión escrita   ☐ mi comprensión lectora

1. Elige:

1. Últimamente .... a visitar mucho a mis abuelos.

   a. iba **b.** he ido **c.** fui

2. Anoche no .... con mis amigos porque .... agotada.

   a. había salido/ estuve **b.** salía/ he estado **c.** salí/ estaba

3. Cuando por fin me .... a comprar la bolsa que tanto me ...., ya la ....

   a. decidí/ gustaba/ habían vendido **b.** decidía/ gustaba/ vendieron **c.** había decidido/ gustó/ vendían

4. Hace un rato .... el chavo con el que .... ayer.

   a. llamó/ estuviste cenando **b.** había llamado/ estuviste cenando **c.** llamó/ habías estado cenando

5. Cada vez que .... vacaciones .... a verme.

   a. tuvo/venía **b.** tenía/venía **c.** ha tenido/vino

2. Encuentra el intruso en cada columna.

planta
cinta andadora
bicicleta
pesas estática
colchoneta sauna

- las rodillas
- las caderas
- los hombros
- los codos
- la cintura
- los riñones

- mover
- levantar
- estirar
- relajar
- contraer
- escribir

- escolares
- compañero
- curso
- cuarto de baño
- horarios
- biblioteca

3. Completa el cuadro:

empieza		
	siga	
		vuelvan

no pienses		
	no oiga	
		no entren

4. Escribe, junto a estos marcadores de probabilidad, la opción que creas correcta:
1 para probabilidad alta **2** para probabilidad media **3** para probabilidad baja

1. Quizás .... ☐   3. A lo mejor .... ☐   5. Seguramente ...... ☐

2. Creo que .... ☐   4. Supongo que ...... ☐   6. Me parece que .... ☐

5. En las siguientes frases hay tres incorrectas, márcalas:

1. Espero que pasen los exámenes.

2. Es normal que la gente recicla poco.

3. ¡No pides más *pizzas*, por favor!

4. No creo que se haya comido toda la *pizza* él solo, ¡es imposible!

5. Eso nos pasa por no haber tomado un paraguas, ¡estamos helados!

6. No sé dónde puse las llaves, las habría puesto en cualquier sitio.

7. ¡Ojalá venga mañana mi hermano!

8

Unidad

Templo maya de Tikal (Guatemala)

Contenidos funcionales
- Describir y definir
- Identificar objetos, lugares y personas y dar información secundaria
- Pedir información sobre si sabe algo o conoce algo/a alguien
- Pedir (algo) especificando

Contenidos gramaticales
- *Ser* y *estar*. Usos (revisión)
- Oraciones de relativo. Contraste indicativo/subjuntivo
- Antecedente conocido/desconocido

Contenidos léxicos
- Léxico de descripción
- La moda

Contenidos culturales
- El mundo de la moda en México
- El Quetzal
- Panamá, Guatemala, Nicaragua, Costa Rica
- El carácter mexicano
- Salma Hayek, actriz mexicana

Nos conocemos

- Latinoamérica está de moda

Hay que **estar** a la **última**

1.1. Lee este artículo sobre cuatro diseñadores mexicanos.

Jóvenes manos de tijera

El que ignora la moda se ignora a sí mismo, dice Cecil Beaton en su libro *El espejo de la moda*, frase que parece hecha a la medida para buena parte de la sociedad mexicana, que por ningún motivo está dispuesta a dejar escapar las ventajas que supone acceder al fascinante mundo de las pasarelas y los códigos internacionales de la moda. La industria de la imagen es, a nivel mundial, la proveedora número uno de la identidad (aunque sea superficialmente) y también es una forma de saciar la sed de aceptación. De ahí la importancia de llevar marcas y firmas de gran prestigio y reconocimiento internacional.

Estos cuatro diseñadores de moda en México, creadores de estilos diversos que buscan que su nombre, impreso en etiquetas, sea relevante y conocido. Y, aunque este mercado es difícil, ellos hacen su lucha y poco a poco logran un espacio en el mundo de la moda mexicana.

Viviana Parra, Macario Jiménez, Héctor Mijangos y Cinthia Gómez, son cuatro jóvenes que cada temporada lanzan sus creaciones apostando por afianzar una cultura de la moda en este país. *Día Siete*, sirve para dar un adelanto de sus creaciones primavera-verano este año. Estas colecciones, serán presentadas en Expo-Moda, un importante encuentro de diseñadores que tiene lugar en la ciudad de Guadalajara (México), para presentar las novedades cada temporada.

¿Usted con cuál se queda?

Cinthia Gómez, propuesta:

Mucho colorido, telas estampadas, deslavadas y formas geométricas. Para moda masculina guayaberas y para mujeres, espaldas descubiertas.

Macario Jiménez, propuesta:

Para mujeres, vestidos con escotes discretos; para los hombres, prendas cómodas y elegantes.

Viviana Parra, propuesta:

Vestidos muy femeninos y glamorosos, prendas duales, es decir, que sirvan tanto para vestir de día como de noche.

Héctor Mijangos, propuesta:

Ropa unisex. Funcional, práctica, durable, cómoda, transformable, fácil de combinar.

Adaptado de la revista Día Siete.

1.1.1. Busquen en el texto sinónimos de:

1. **Diferentes:** diversos
2. **Confecciones:** ....
3. **Desconoce:** ....
4. **Deslumbrante:** ....
5. **Periodo:** ....
6. **Innovaciones:** ....
7. **Creadores:** ....
8. **Confortable:** ....
9. **Duradero:** ....
10. **Pasillo, estrado:** ....

1.1.2. 🏃🏽📝 **Busquen otro título para el artículo e intenten resumirlo con sus palabras. Gana la pareja que menos palabras haya usado y más ideas haya recogido; el profesor y el grupo harán de jurado.**

1.2. 🧍📖 **Alberto es de Guadalajara y es director de una agencia de modelos y Carlos es de Puebla pero está en Guadalajara. Carlos está de organizador de uno de los desfiles de Expo-Moda, ya sabes, *un importante encuentro de diseñadores de moda que tiene lugar en Guadalajara para presentar las novedades de las distintas temporadas.* Carlos está muy preocupado porque necesita urgentemente a una serie de modelos para su desfile. Lee los correos electrónicos que se mandan el uno al otro y fíjate en los usos de *ser* y *estar.***

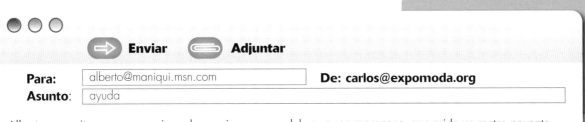

➡️ **Enviar**   📎 **Adjuntar**

Para: alberto@maniqui.msn.com   **De: carlos@expomoda.org**
Asunto: ayuda

Alberto, necesito que me consigas ahora mismo un modelo **que sea morenazo**, que mida un metro noventa, **que esté mamey**, que tenga los dientes muy blancos, blanquísimos, **por favor, es muy importante este detalle**, y que baile muy bien, sobre todo salsa; es para la nueva colección de Viviana Parra y tú sabes perfectamente que si no tenemos lo que ella pide, tendrá una crisis nerviosa como siempre.

¡Ah!, y, si puedes, consígueme una modelo **que no esté como un palillo, que sea rubia y muy guapa** y que tenga los ojos aceitunados y muy, muy grandes, **no importa que sea alta o baja**, pero, sobre todo, que le gusten los helados, **es que** Héctor Mijangos quiere que coma cinco o seis helados durante su desfile de ropa de verano, ya sabes: ¡Viste la ropa más fresca de Héctor Mijangos! ¡La ropa **es tu segunda piel**! ¡Respóndeme urgente!

Saludos,

Carlos

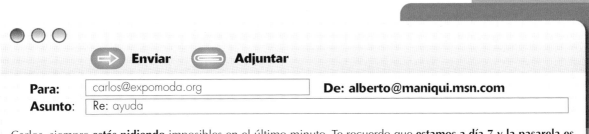

➡️ **Enviar**   📎 **Adjuntar**

Para: carlos@expomoda.org   **De: alberto@maniqui.msn.com**
Asunto: Re: ayuda

Carlos, siempre **estás pidiendo** imposibles en el último minuto. Te recuerdo que **estamos a día 7 y la pasarela es dentro de dos semanas**. ¡Te voy a matar! Vamos a ver... **los únicos modelos** que pueden trabajar contigo **son dos**: un chico muy simpático **que es moreno** y que mide un metro setenta y ocho; se llama Ernesto, pero no baila salsa, solo chachachá y otro guapísimo, David, **que es moreno**, que mide un metro noventa, pero que tiene los dientes un poco amarillos porque fuma como una chimenea, pero le pueden aplicar un producto buenísimo que pone los dientes blancos durante unas horas.

En cuanto a la modelo, pues tengo una **que es gordita** y **que**, además, **es muy guapa** y, ¡qué casualidad!, **es una chica a la que le encantan los helados**. Solamente tiene una superstición: cuando come helados le gusta mancharse la ropa con ellos porque dice que le da buena suerte. **Es una chica un poco supersticiosa**, pero tiene todas las características que quieres, ¿no?

Eso es todo, confírmame que te interesan.

¡Que tengas mucho éxito con el desfile!

Alberto

1.2.1. 👫 📝 Revisa los usos de *ser* y *estar* y completa los espacios con ejemplos de la actividad anterior.

Ser

- **Para definir, generalizar o caracterizar a personas y cosas:**
  - Nacionalidad o procedencia:

    > *Julia es chilena.*

    > (1)

    > (2)

  - Descripción de personas:

    > *Alberto es alto y pelirrojo.*

    > (3)

    > (4)

    > (5)

    > (6)

    > (7)

    > (8)

  - Descripción de cosas:

    > *La camisa es beige, de manga larga.*

    > (9)

  - Material:

    > *La falda es de algodón.*

  - Posesión:

    > *La corbata azul es mía.*

  - Definición o identificación:

    > *Esa es la verdad.*

    > (10)

- **Profesión o puesto en una empresa:**

  > (11)

- **Tiempo:** *de día, de noche, de madrugada,* fechas:

  > *En invierno, a las siete ya es de noche.*

  > (12)

  > *El desfile es el día 15 de marzo.*

- **Justificarse** con *es que*:

  > *Ya sé que llego tarde, es que perdí el tren.*

  > (13)

CONTINÚA ⁞

Estar

- **Para expresar estados físicos o emocionales en los que se encuentran cosas o personas:**

  > *Los helados están fríos.*

  > *Ana está muy rara últimamente.*

  > *Estamos hartos de estudiar gramática.*

  > (a)

- **Para comparar una cualidad actual con otro momento o lo que se considera que es normal:**

  > *Los jitomates están baratos.*

  > *El niño está muy alto para su edad.*

  > (b)

  > (c)

  > **España:** *discoteca*

  > **Argentina:** *boliche*

- **Profesión u ocupación temporal:**

  > *Manuel está de mesero en un <u>antro</u>.*

  > (d)

- **Tiempo:** fechas:

  > *Hoy estamos a 27 de junio.*

  > (e)

- **Estar + gerundio:**

  > (f)

CONTINÚA ⁞

Expresar el precio total de las cosas:

¿Cuánto es por un café y un bisquet?

Son veinte pesos, por favor.

Lugar de celebración de un evento:

La Expo-Moda siempre ha sido en Guadalajara.

Las pruebas de selección son en el despacho.

Valoración:

Es importante que elijamos bien el modelo.

Es bueno que salgas con los amigos.

(14)

Expresar un precio que cambia:

¿A cuánto están hoy las calabacitas? Ayer las compré a 12 pesos el kilo.

Lugar: ubicación de cosas y personas:

Carlos está en Toluca visitando una fábrica.

No sé dónde está la perfumería.

No sé dónde estamos.

(g)

Valoración:

Está bien que llames para disculparte.

Está claro que tiene interés.

1.2.2. Ahora, pásenle su cuadro a la pareja de al lado, ella les dará el suyo. ¿Están de acuerdo con sus ejemplos? Discutan con sus compañeros.

1.3. Elige una opción y justifica tu respuesta:

1. Mis padres ☐ son / ☐ están de Guatemala, pero mis hermanos y yo nacimos en México; así que ☐ no somos / ☐ no estamos tan tranquilos como ellos.

2. ► ☐ Es / ☐ Está mucho dinero por una casa tan pequeña.

► En eso ☐ somos / ☐ estamos de acuerdo. Deberíamos buscar algo que ☐ sea / ☐ esté más barato y que ☐ sea / ☐ esté cerca de la estación.

3. ► ¿Dónde ☐ fue / ☐ estuvo el homenaje a Pedro Loredo?

► En la Universidad de Moda Jannette Klein.

► ¿Y eso dónde ☐ es / ☐ está?

► Pues... en el D.F., claro.

4. ► ¿Qué ☐ eres / ☐ estás haciendo?

► ☐ Soy / ☐ Estoy buscando en el clóset algo que ponerme para la fiesta de Patricia.

5. ► ¿Quién ☐ es / ☐ está ese chico al que saludaste?

► ☐ Es / ☐ Está mi hermano, ¿no lo conocías?

6. La blusa que me compré ☐ es / ☐ está de seda y los pantalones ☐ son / ☐ están de cuero.

7. Oye, ¿qué le pasa a Carolina? ☐ Es / ☐ Está bastante deprimida.

2 ¡Que **sea como sea**, me da igual!

2.1. Vuelvan a leer los correos de Carlos y Alberto. ¿Creen que Carlos y Alberto tienen una relación estrictamente profesional? ¿Qué pistas les dan los correos? Justifiquen su respuesta.

2.2. Busca en esta sopa de letras catorce adjetivos que caractericen a los modelos de los que hablan Carlos y Alberto. Después, escribe en un globo los que corresponden solo a los modelos que quiere Carlos y en el otro los que definen a los modelos que encontró Alberto.

Carlos

Alberto

D	A	N	Q	U	O	Á	J	H	N	W	H
Y	S	A	S	O	L	O	G	K	Ñ	X	E
S	R	H	H	L	O	O	U	U	A	S	Ó
É	R	O	K	P	R	N	A	D	N	U	L
F	U	L	X	D	X	E	P	M	A	P	E
N	B	A	I	L	A	R	Í	N	L	E	O
E	I	T	A	R	L	O	S	E	L	R	Z
E	A	S	T	X	A	M	I	R	A	S	A
Ñ	P	O	W	G	B	E	M	R	J	T	N
A	L	T	Í	S	I	M	O	Ñ	O	I	E
L	R	O	D	L	N	D	A	S	F	C	R
T	I	P	C	V	A	B	L	U	G	I	O
O	V	S	I	M	P	Á	T	I	C	O	M
B	J	T	U	S	E	I	U	Q	O	S	B
F	R	F	Y	A	N	G	U	A	P	A	A
L	A	M	R	O	N	I	É	L	L	H	D

2.3. 👤 📖 Vuelve a leer los correos entre Carlos y Alberto y subraya las oraciones de relativo que encuentres. Recuerda que son frases de relativo porque tienen el pronombre relativo "que" y que funcionan como un adjetivo, es decir, sirven para describir características de objetos, personas, lugares...

Ejemplo: *Un modelo **que sea morenazo**...*

2.3.1. 👤 📝 En estas oraciones, el verbo que acompaña está, unas veces, en indicativo y otras, en subjuntivo. ¿Por qué? Clasifica las frases en su columna correspondiente y reflexiona.

INDICATIVO	SUBJUNTIVO

ℹ️ Oraciones de relativo

- Las frases de relativo sirven para identificar o describir algo o a alguien. Ese algo o alguien se llama ***antecedente***. Si el antecedente es **conocido**, se usa **indicativo**:

$$\text{Nombre} + \begin{Bmatrix} \textbf{que} \\ \textbf{donde} \end{Bmatrix} + \text{indicativo}$$

*Una chica **que estudia** conmigo en la escuela.*

*Un restaurante **donde como** todos los días.*

- Cuando no sabemos si existe o no ese algo o alguien que describimos, o no podemos identificarlo, es decir, si el ***antecedente*** es **desconocido** se usa **subjuntivo**:

$$\text{Nombre} + \begin{Bmatrix} \textbf{que} \\ \textbf{donde} \end{Bmatrix} + \text{subjuntivo}$$

*Busco una chica **que hable** español para practicar mi español.*

*¿Conoces un restaurante **donde se coman** unos chiles en nogada?*

2.4. 👤 📝 Relaciona:

1 Buscan un profesor
2 Encontré una casa
3 Voy siempre a un bar
4 Conozco a una chica
5 Vimos una moto
6 Quiero un diccionario
7 Necesito una mesa
8 Busco un hotel

que

donde

a está en una zona muy tranquila.
b sabe hablar inglés muy bien.
c tenga frases con ejemplos.
d haya campo de golf.
e ocupe poco espacio.
f ponen unas botanas buenísimas.
g sepa bailar salsa.
h era de 1930.

3 ¡Cambias de novio como de calzones!

3.1. 👫 🎧 [22] Escucha a Paloma y a Jimena, dos amigas que se encuentran por la calle y hace tiempo que no se ven.

3.1.1. 🧍 📝 ¿Cambias de casa, de amigos, de trabajo, de estudios, de pareja, de ciudad, de celular... igual que cambias de calzones? Ahora puedes hacer como Jimena. ¿Cuál de estas cosas, lugares y personas te gustaría cambiar? Descríbenos cómo es con todo detalle lo que tienes y lo que te gustaría tener.

> ¿Cómo quiero que sean mi nueva casa, mi nuevo carro y mis nuevos estudios o mi nuevo trabajo?

> Quiero cambiar de casa, de carro, de estudios o trabajo, de ciudad, de, de, de...

Ejemplo:

Tengo un departamento pequeño que no tiene aire acondicionado y vivo en una ciudad donde hace mucho calor, demasiado. Además, mi departamento está lejos del centro y a mí me encanta salir y caminar por la ciudad, y si es por el centro, mejor.

¿Qué tipo de casa buscas?

Busco una casa que sea grande, que tenga aire acondicionado, que sea céntrica, que esté pintada toda de rosa, que esté cerca del metro y, por supuesto, que sea baratísima, ¡claro!

3.2. 🧍 📖 En los periódicos o en los tablones de los supermercados siempre encuentras anuncios breves donde la gente vende, compra, busca de todo. Algunos son bastante cómicos como estos que vas a leer a continuación.

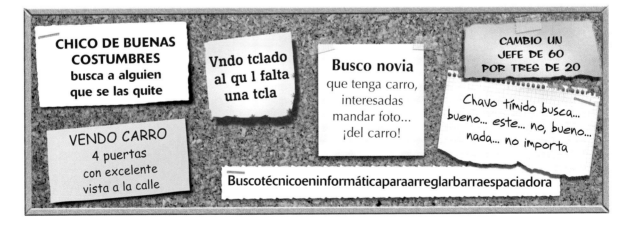

CHICO DE BUENAS COSTUMBRES busca a alguien que se las quite

Vndo tclado al qu l falta una tcla

Busco novia que tenga carro, interesadas mandar foto... ¡del carro!

CAMBIO UN JEFE DE 60 POR TRES DE 20

Chavo tímido busca... bueno... este... no, bueno... nada... no importa

VENDO CARRO 4 puertas con excelente vista a la calle

Buscotécnicoeninformáticaparaarreglarbarraespaciadora

3.2.1. 👫 📝 Los invitamos a que escriban con humor un anuncio breve y lo cuelguen en el tablón de la escuela. ¡No se avergüencen! ¡Nunca se sabe!

4.1. 👥 🎧 Escuchen a estas dos personas que hablan sobre una zona del continente americano y rodeen con un círculo en el mapa la zona de la que se trata.

[23]

4.1.1. 👪 🔲 Vamos a jugar. Escucha a tu profesor.

4.1.2. 👥 📖 Señala en la transcripción de la actividad los subjuntivos que encuentres. Estos verbos forman parte de una frase, de una idea. ¿Qué quieren comunicar Sara y Margarita con esas frases?

Sara: En septiembre, tomo un mes de vacaciones y la verdad es que se me antoja un chorro ir a Centroamérica o Sudamérica. ¿Conoces alguna zona en la que no haya que recorrer muchos kilómetros, pero en la que haya mucha variedad de paisajes? No sé...

Margarita: ¡Qué preguntas más fáciles haces, Sara! El año pasado fui a través de una agencia de viajes a recorrer una de las zonas más alucinantes de Centroamérica. ¡No hay nada en el mundo que se le parezca! No solo es única por la diversidad de paisajes, sino por la fuerza de sus culturas indígenas que mantienen sus lenguas y costumbres de siglos y siglos. Puedes conocer siete países que, juntos, tienen una extensión similar a la de Paraguay. Yo volví enamorada de aquellas tierras. Visité los volcanes –¡todavía activos!–, las playas tropicales, la ciudad de Tikal, el canal que pone en contacto los dos océanos, Corcovado, uno de los parques naturales más salvajes de la zona, y muchas cosas más... Te podría hablar horas y horas. Mañana te traigo fotos.

Sara: Sale. Oye, ¿y sabes si hay alguna dirección en Internet que te ofrezca información de esa zona en general?

Margarita: Sí, hay muchas, pero esta está bastante bien, copia: <www.terra.com.gt/turismo/>.

NIVEL B1. **PROGRESA**

ⓘ

- Para preguntar por la existencia o no de algo o de alguien se usa el **subjuntivo**:

¿Hay
¿Conoces (a)   +   { **alguien**
                     algo
                     algún/alguna + nombre }   + **que** + subjuntivo
¿Sabes si hay

*¿Hay alguien **que pueda** decirme cuál es la moneda de Panamá?*

*¿Conoces algún plato **que sea** típico de Guatemala?*

*¿Conoces a alguien **que sepa** dibujar?*

*¿Sabes si hay algún país de Latinoamérica **que no tenga** ríos?*

- Para negar la existencia o decir que es poca o escasa, también se usa el **subjuntivo**:

No hay   +   { **nadie**
               nada
               ningún/ninguna + nombre }   +   { **que**
                                                     donde }   + subjuntivo

*No hay nadie **que sepa** hablar portugués.*

*No hay ningún restaurante español **que esté** cerca de aquí.*

Hay **poco/a/os/as** + nombre   +   { **que**
                                       donde }   + subjuntivo

*En Venezuela hay poca gente **que sepa** hablar chino.*

4.2. 👤 📝 **Completa las ideas y preguntas de "el pensador".**

Ejemplo: *No hay nadie...* ➡ ***No hay nadie que sea más cariñoso que mi novia.***

NO CONOZCO NADA...

NUNCA HE VISTO NADA...

¿HAY ALGUIEN QUE...

¿HAY ALGÚN LUGAR EN EL MUNDO QUE...

¿HAY ALGUNA COMIDA QUE...

¿CONOCES ALGÚN DEPORTE QUE...

¿SABES SI HAY ALGÚN ANIMAL QUE...

NO HAY NINGÚN PAÍS QUE...

4.3. 👥 💬 **¿Conocen Centroamérica?** Cada uno de ustedes tiene una ficha que completar sobre cuatro países de esta zona, un test que prueba sus conocimientos. Si no sabes las respuestas, tu compañero de equipo te puede ayudar, pero con la condición de que tú le formules una pregunta usando las estructuras que acabamos de estudiar.

Ejemplo: *¿Conoces algún país que limite al norte con Nicaragua?*

alumno a

El país es...

1. Limita al norte con Nicaragua y al sudeste con Panamá.
2. Su capital está diseñada como un tablero de ajedrez.
3. La moneda oficial es el córdoba.
4. Hay un lago de agua dulce donde viven tiburones.
5. Ahí llaman al autobús "el bicho".

alumno b

El país es...

1. Limita al norte y al oeste con México.
2. No hay ejército.
3. La lengua oficial es el español, aunque el inglés es muy usado.
4. Algunos de sus platos típicos son: pepián, chuchitos y tapados.
5. Tiene una zona arqueológica de más de 30 000 km².

alumno c

El país es...

1. Mantiene una de las políticas más avanzadas de todo el mundo en la protección del medioambiente.
2. El tamborito es un baile típico de ese país; se baila tocando palmas y tambores.
3. Hay más variedades de mariposas que en toda África.
4. El nombre de este país significa "abundancia de peces".
5. Este país es un istmo, una banda de tierra entre dos océanos.

alumno d

El país es...

1. Es el país más grande de Centroamérica.
2. En este país se encuentran muchas especies de orquídeas.
3. Ahí se encuentran los volcanes más altos y activos.
4. Es el país con mayor longitud de playas en el océano Pacífico y en el mar Caribe.
5. Su capital está dominada por tres volcanes: el Fuego, el Agua y el Pacaya.

4.4. Vamos a jugar. Tu profesor va a darte las instrucciones.

Ejemplo:

Alumno A: *¿Me prestas un diccionario que sea monolingüe?*

Alumno B: *Sí, toma.*
No, lo siento, no tengo ninguno.

Recuerda los indefinidos:

· **alguien** ≠ **nadie**
· **algo** ≠ **nada**
· **uno/a** ≠ **ninguno/a**
· **algún/alguna** + nombre ≠ **ningún/ ninguna** + nombre

ℹ️

• Para pedir especificando, puedes usar:

¿**Me prestas**
¿**Tienes**   } + cosa + **que** + subjuntivo?
¿**Me puedes dar**

España: *¿me dejas...?*

Argentina: *¿me prestás...?*

*¿Tienes una pluma **que sea** roja?*

Necesito
Quiero   } + cosa/persona + **que** + subjuntivo

*Necesito una modelo **que lleve** lentes.*

Todas estas expresiones también pueden utilizarse en la función de pedir prestado algo a alguien.

---

5 ¿El **hábito** hace al **monje**?

5.1. Define la forma de vestir de las personas de la foto. ¿En qué tipo de tiendas crees que compran? ¿Cuánto se gastarán en ropa al mes? ¿Crees que siguen la moda?

5.2. [24] Realizamos una encuesta por la calle e hicimos a estas cuatro personas una serie de preguntas relacionadas con la moda. Toma notas de sus opiniones en cuanto a:

	ESTILO	DINERO	ELECCIÓN DE ROPA	MARCAS	SE FIJA EN...
CARMEN					
MÓNICA					
JAIR					
JOSÉ LUIS					

5.2.1. [24] Vuelve a escuchar. Responde verdadero o falso y justifica tu respuesta.

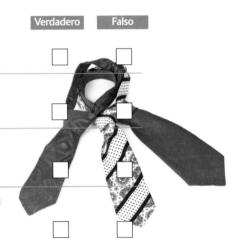

	Verdadero	Falso
1. Carmen viste clásica, prefiere los colores como el negro o el café y siempre pide al vendedor la misma marca.	☐	☐
2. Mónica define su estilo como actual, moderno. No mira las marcas. Ella busca la relación calidad-precio y a la hora de comprar ropa se suele fijar en la gente que ve por la calle.	☐	☐
3. Jair utiliza la corbata incluso cuando hace deporte. Elige ponerse una ropa u otra según el tiempo que haga y se deja aconsejar por una mujer cuando compra.	☐	☐
4. José Luis viste elegante, se gasta bastante dinero en ropa debido a su trabajo, le gusta combinar bien la ropa y los colores, le gustan las marcas y no mira las revistas de moda antes de comprar.	☐	☐

5.3. ¿Y tu compañero? ¿Le gusta la moda? ¿Qué estilo tiene? ¿Gasta mucho dinero en ropa? Sigue las instrucciones de tu profesor, vamos a jugar.

5.4. Uno de ustedes es Lalo, director de la agencia de Miss Latinoamérica, y otro es Pepe, organizador de la Fashion Week México, la reunión de diseñadores de moda más importante de Guadalajara. Pepe escribe un correo electrónico a Lalo porque necesita de sus servicios. Lalo debe responderle lo antes posible.

alumno a Eres Pepe: tienes una personalidad un poco especial, eres muy perfeccionista, te gusta que todo salga excelente; sabes que Lalo es un poco desorganizado así que le escribes un correo electrónico muy serio, formal y con toda la información bien detallada. Sabes muy bien lo que quieres.

Buscas:
- Una modelo para un desfile estilo dominicano (define tú sus características físicas).
- Una firma de zapatos especializada en desfiles de moda con gran variedad de modelos.
- Un presentador-director del desfile de LWM con mucha experiencia y voz muy varonil.

○ ○ ○

⟹ **Enviar**   ⬒ **Adjuntar**

Para: lalomisslat@mail.mx   **De: pepefwmx@mail.mx**
Asunto:

alumno b

Eres Lalo: eres extrovertido, odias los formalismos, te encanta exagerarlo todo y además te encantan los chismes, hablar de los demás es tu perdición. Haces bien tu trabajo, pero a veces improvisas demasiado y parece que eres desorganizado; en realidad, para ti lo importante es que las cosas salgan, bien o mal, pero que salgan. Recibes el correo electrónico de Pepe y haces lo que puedes para que esté contento; aunque no encuentras exactamente lo que él quiere, le ofreces otras alternativas.

Tienes:

- Una modelo güera y blanca como la nieve pero muy transformable (define tú sus características físicas).

- Una firma de zapatos especializada en botas de todo tipo: de montar a caballo, de pescar, de esquiar...

- Un presentador-director amigo tuyo con una voz un poco especial (decide tú cómo es la voz).

○ ○ ○

⇒ **Enviar**   ⊏ **Adjuntar**

Para: pepefwmx@mail.mx   **De: lalomisslat@mail.mx**

Asunto: Re:

5.4.1. 👫 💬 **Ahora que cada uno leyó el correo del otro, llámense por teléfono, definan sus posturas y lleguen a un acuerdo.**

Autoevaluación

1. Escribe diez adjetivos para describir a personas.

2. ¿Indicativo o subjuntivo?

En las oraciones relativas utilizo .... cuando el antecedente es conocido

En las oraciones relativas utilizo .... cuando el antecedente es desconocido

3. Cuando escuchas una audición:

☐ Lees primero las preguntas a las que tienes que responder

☐ Te centras solo en la información que te piden

☐ Intentas entender el texto globalmente

☐ Intentas entender todas y cada una de las palabras que escuchas

☐ No te esfuerzas porque crees que es difícil

> Cuando escuchamos un texto, es importante leer antes las preguntas y fijarnos en la información que nos piden.

4. Busca los cinco errores que hay en este texto:

Necesito un modelo que es morenazo, que mide un metro noventa, que no esté rubio. Es importante que esté de Latinoamérica. Necesito un modelo que tenga acento puertorriqueño. ¿Conoces a algo?

5. ¿Qué aspectos culturales de Latinoamérica aprendiste en esta unidad?

LATINOAMÉRICA ESTÁ DE MODA

1. 👥 🔍 ¿Qué es la moda para ti? Señala aquellas palabras del recuadro que tengan relación con ella.

alta costura	objetivo	pasarela	diseñador/a
cosmopolita	exigencia	diseño	firma
trajes	texturas	tarea	desfiles

1.1. 👥 💬 ¿Qué conocen de la moda latina? ¿Conocen algunos diseñadores latinos? Hablen con sus compañeros.

2. 👤 📖 Lee el siguiente texto sobre la moda en Latinoamérica y los diseñadores latinos de mayor prestigio y reconocimiento actual.

La moda de América Latina está presente en los mercados más exigentes de la alta costura y el diseño internacional. Creadores, colores y texturas del continente americano están presentes en el mundo del *glamour* y la estética. Hoy vemos referencias latinoamericanas en las pasarelas de Milán, París, Nueva York, etc.

El diseño hispanoamericano se comenzó a tomar en serio en los años 80 y ya tiene varios representantes en las pasarelas más reconocidas del mundo, como la venezolana Carolina Herrera, el dominicano Óscar de La Renta o los españoles Adolfo Domínguez, Roberto Verino y Pedro del Hierro. Óscar de La Renta, quien durante más de una década fue el diseñador estrella de la casa Balmain, tiene ya hoy bajo su firma varias líneas muy exitosas. Carolina Herrera comenzó a los 40 años con un éxito indiscutible, con creaciones como el traje de novia de Caroline Kennedy que la inmortalizó.

Adolfo Domínguez

Carolina Herrera

Hoy en día es normal ver en la alfombra roja de los Oscar, espectaculares y sofisticados trajes diseñados por colombianos como Esteban Cortázar o Gustavo Arango, por venezolanos como Ángel Sánchez, o cubanos como Narciso Rodríguez.

También destacan en los escaparates mundiales productos típicos y artesanales de origen colombiano, panameño, peruano, brasileño, que se funden con texturas europeas o asiáticas, convirtiéndose en piezas únicas y bellas.

Paralelamente, proliferan día a día en Europa y Estados Unidos los desfiles de moda latinoamericana.

Adaptado de Reportajes www.efe.com

2.1. 👤 📝 Contesta a las siguientes preguntas:

a. ¿Cuándo se dio a conocer Carolina Herrera?

b. ¿Cuándo comenzó a tener importancia la moda hispana en el mundo del diseño?

c. ¿Son también importantes los complementos y productos artesanales de los países latinos?

d. ¿Dónde está presente la moda actual latinoamericana?

e. Señala algunos de los diseñadores preferidos por las actores y actrices de Hollywood para la ceremonia de los Oscar.

f. ¿Qué diseñadores fueron los primeros en ser reconocidos internacionalmente?

3.  Los trajes típicos o tradicionales de los países latinos muestran la riqueza de su cultura y su identidad. Todos tienen en común el enorme colorido. Pero, ¿crees que todos los países latinos visten igual? Observa los siguientes trajes y relaciónalos con sus países.

> **México • Guatemala • Perú • Argentina**
> **España • Colombia • Cuba • Venezuela**

3.1. En parejas, describan uno de los trajes anteriores. Después su compañero tiene que adivinar a qué país pertenece.

3.2. Busquen en Internet más información sobre un traje típico de un lugar de Latinoamérica: su origen, sus usos, sus características, etc. Presten atención a las culturas que influyeron en él. Con la información obtenida, hagan una exposición en clase.

9

Unidad

Contenidos funcionales
- Relacionar dos momentos en el tiempo
- Expresar el momento en que ocurre una acción
- Fijar el momento futuro

Contenidos gramaticales
- *Después de/antes de* + infinitivo
- *Cuando/después de que/hasta que* + indicativo/subjuntivo
- *Antes de que* + subjuntivo
- Otros nexos temporales

Contenidos léxicos
- Léxico relacionado con las etapas de la vida

Contenidos culturales
- Las supersticiones
- El I Ching
- *La sonrisa etrusca* de José Luis Sampedro

Nos conocemos
- Supersticiones populares mexicanas

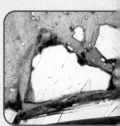

1 **Como te veo me vi**, como me ves te verás

1.1. Hay acciones que se relacionan con distintas etapas de la vida. Lee atentamente las palabras y clasifícalas. Después, compara con tu compañero los resultados y discútanlos.

- ◗ Plan de pensiones
- ◗ Jubilación
- ◗ Infancia
- ◗ Matrimonio
- ◗ Divorcio
- ◗ Problemas hormonales
- ◗ Acné

- ◗ Primer amor
- ◗ Primer empleo
- ◗ Embarazo
- ◗ Juguetes
- ◗ Artrosis
- ◗ El Coco
- ◗ Pandilla

- ◗ El ratoncito
- ◗ Cuidar a los nietos
- ◗ Emanciparse
- ◗ El amigo imaginario
- ◗ Experimentar
- ◗ Ganas de cambiar el mundo

Los niños	Los adolescentes	Los jóvenes	Los adultos	Los mayores

1.2. El Sr. Cuanditis solo sabe hablar con "cuando". Observa cuántas cosas puede decir y cómo las dice.

Cuando sea mayor, me *compraré* una moto y un auto deportivo.

Cuando sea mi cumpleaños, *regálenme* una bicicleta.

Cuando regreso de la escuela, *tengo que hacer* la tarea.

Cuando salíamos de clase, *íbamos* al parque a jugar.

Cuando estaba a punto de terminar la película, *se fue* la luz.

Cuando volví de mis vacaciones, *empecé* la escuela.

1.2.1. **De las frases que leíste, decide cuál colocar en cada recuadro:**

Acciones habituales	Acciones referidas al pasado	Acciones que todavía no se han realizado

Cuando + indicativo

Expresa una acción en el presente o en el pasado.

- **Cuando + presente + presente**
  *Cuando **regreso** de la escuela, **hago** la tarea.*

- **Cuando + copretérito + copretérito**
  *Cuando **salíamos** de clase, **íbamos** al parque a jugar.*

- **Cuando + pretérito + pretérito**
  *Cuando **volví** de mis vacaciones, **empecé** la escuela.*

Cuando + subjuntivo

Expresa una acción en el futuro.

- **Cuando + presente de subjuntivo + futuro**
  *Cuando **sea** mayor, **me compraré** un auto.*

- **Cuando + presente de subjuntivo + imperativo**
  *Cuando **sea** mi cumpleaños, **regálenme** una bicicleta.*

En la lengua coloquial se usa el presente de indicativo en vez del imperativo o el futuro:

*Cuando **llegues** a casa, **me llamas**.*

1.3. 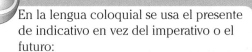 **Relaciona el ejemplo con su función:**

1 En cuanto acaben de bañarse, séquense con la toalla rápidamente.

2 Iré a visitarte al hospital tan pronto como te operen.

3 Hasta que salga el sol, no nos bañaremos en el río.

4 Mi primo se ponía a bailar cada vez que escuchaba música.

5 Siempre que entra, cierra la puerta.

6 Después de cenar, iremos al bingo.

7 Ordena tu cuarto antes de que lleguen tus padres.

8 Escucha antes de hablar.

- **a** Acción repetida
- **b** Acción inmediata
- **c** Límite de la acción
- **d** Acción anterior (mismo sujeto)
- **e** Acción anterior (diferente sujeto)
- **f** Acción posterior

Otras expresiones relacionadas con **cuando** son:

- **Cada vez que** ➡ repetición
- **Tan pronto como** ➡ acción inmediata
- **En cuanto** ➡ acción inmediata
- **Hasta que (no)** ➡ límite de la acción

1.4. Tu amigo necesita que le expliques detalladamente los pasos que debe seguir para encontrar un trabajo. Escríbele una carta, diciéndole lo que tiene que hacer en cada momento usando los conectores que acabas de aprender.

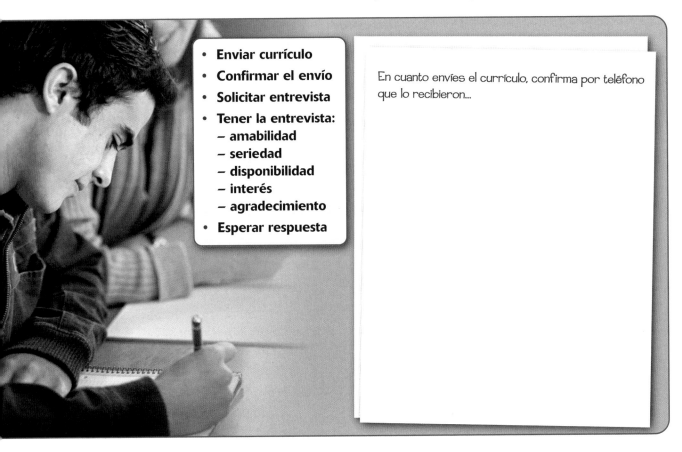

- **Enviar currículo**
- **Confirmar el envío**
- **Solicitar entrevista**
- **Tener la entrevista:**
  - **amabilidad**
  - **seriedad**
  - **disponibilidad**
  - **interés**
  - **agradecimiento**
- **Esperar respuesta**

En cuanto envíes el currículo, confirma por teléfono que lo recibieron...

1.5. Fíjate en este diálogo. Luego, ponte de acuerdo con tu compañero para compaginar las actividades que les proponemos.

Se me antoja mucho que vayamos al cine.

Está bien, pero no nos iremos **hasta que hagamos** la tarea.

Bueno, pero **después de hacerla**, nos vamos, ¿ok?

alumno a

Tu compañero es un enojón y siempre sabe lo que hay que hacer. Tú prefieres divertirte, pero no tienes ganas de pelearte con él porque lo quieres mucho.

Tú quieres:
- Ir al cine
- Salir con unos amigos
- Acostarte en el sillón y ver la tele
- Irte a dormir
- Descansar
- Ir un fin de semana a Miami
- Contestar tus e-mails

Tu compañero nunca quiere hacer las cosas que hay que hacer. Le encanta flojear e ir a lo suyo. Tú intentas que asuma sus responsabilidades.

Tú quieres:

- Hacer la tarea
- Levantarte pronto para hacer deporte
- Poner la <u>lavadora</u>
- Recoger los platos de la cena
- Estudiar hasta las doce
- Ir de compras
- Esperar la venta nocturna de la tienda de ropa

Argentina: *lavarropas*

1.6.  **Lee esta historia.**

CUANDO CUENTE TRES, SE QUEDARÁ DORMIDO.

CADA VEZ QUE OIGA LA PALABRA "TAXI", SALDRÁ CORRIENDO.

¡TAXI!

TRES MESES DESPUÉS, CUANDO TOMÁS CAMINABA POR LA CALLE, ESCUCHÓ POR ENÉSIMA VEZ LA PALABRA "TAXI" Y VOLVIÓ A CORRER. YA ES PLUSMARQUISTA NACIONAL.

1.6.1. **Ahora, hipnotiza a tu compañero para que haga las siguientes cosas:**

ALUMNO A		
Cuando...		**Entonces...**
Oír un golpe	➡	Darse la vuelta
Abrir la puerta	➡	Brincar
Aplaudir	➡	Cantar una canción

ALUMNO B		
Cuando...		**Entonces...**
Decir "bravo"	➡	Escribir en el pizarrón
Tomar el libro	➡	Gritar "no"
Terminar la clase	➡	Decir "gracias, adiós"

1.7. 👥 💬 **Discute junto con tu compañero los cambios que implica hacerse viejo. Después lean la cita: ¿qué creen que quiere decir?, ¿están de acuerdo con ella?**

> *Envejecer es como escalar una gran montaña: mientras se sube las fuerzas disminuyen, pero la mirada es más libre, la vista más amplia y serena.*
>
> **Ingmar Bergman** - Cineasta sueco.

1.7.1. 👥 📖 **Fíjense en algunas cosas que pueden sucederles cuando se hagan mayores:**

Puedes disfrutar más de tu familia

Retomas tus aficiones

Tienes una gran colección de medicinas

Descubres que no te importa "el qué dirán"

La palabra "ahorita" no está en tu vocabulario

Tienes muchas vacaciones y ni rastro de tu jefe

1.7.2. 👥 🔍 **Busquen en la actividad anterior expresiones sinónimas de:**

- Envejecer
- *Hobbies*
- Recuperar
- Afectar
- Darse cuenta
- No existe

1.7.3. 🧑 📝 **Cambia los títulos de las fotografías anteriores siguiendo el ejemplo que te proponemos.**

Ejemplo: *Cuando te hagas mayor, podrás disfrutar más de tu familia.*

¿Qué diferencia hay entre estos dos ejemplos?:
- *Cuando te hagas mayor, podrás disfrutar más de tu familia.*
- *Cuando te haces mayor, puedes disfrutar más de tu familia.*

1.7.4. 👥 💬 **¿Qué otras cosas pueden pasarte cuando te hagas viejo?**

- **Antes de + infinitivo:** marca la anterioridad de una acción (mismo sujeto).
- **Antes de que + subjuntivo:** marca la anterioridad de una acción (distinto sujeto).
- **Después de + infinitivo:** marca la posterioridad de una acción (mismo sujeto).
- **Después de que + subjuntivo:** marca la posterioridad de una acción (distinto sujeto).

Ejemplo: *Antes de que te des cuenta, tu botiquín será bien grande.*
Después de trabajar tantos años, tendrás unas merecidas vacaciones.

Más sabe el diablo **por viejo** que **por diablo** `2`

2.1. 👥 💬 **Habla con tu compañero sobre los temas que te proponemos más abajo y toma notas.**

> CUANDO PLATICAS CON UNA PERSONA MAYOR, ¿QUÉ COSAS TE CUENTA?, ¿TE HABLA DE SU VIDA?, ¿DE SUS RECUERDOS?

> ¿RECUERDAS ALGUNA ANÉCDOTA INTERESANTE DE TU NIÑEZ O ADOLESCENCIA?

> CUANDO ERAS PEQUEÑO, ¿QUÉ QUERÍAS SER DE GRANDE?, ¿CÓMO IMAGINABAS QUE IBA A SER TU VIDA?

> ¿CUÁLES CREES QUE SON LOS MOMENTOS CLAVE EN LA VIDA DE UNA PERSONA?

2.2. 👤 🎧 **Escucha y marca la respuesta adecuada.**
[25]

1 **¿Quién habla?**
- a. Una mujer de unos setenta años.
- b. Una mujer de mediana edad.
- c. Una treintona.

2 **Cuando esta mujer era pequeña...**
- a. vivía en un pueblo.
- b. vivía en una ciudad.
- c. vivía en una cueva en el monte.

3 **Conoció a su esposo...**
- a. antes de empezar la guerra.
- b. después de la guerra.
- c. durante la guerra.

4 **La mujer piensa que si su nieta tiene hijos...**
- a. tendrán una vida difícil.
- b. deberán luchar para conseguir lo que quieren.
- c. no sufrirán tanto como ella.

2.2.1. 👤 🎧 **Vuelve a escuchar la historia y completa la ficha:**
[25]

1. Lugar de nacimiento: ....

2. Modo de vida durante la infancia: ....

3. ¿Cómo aprendió a escribir?: ....

4. ¿Qué le pasó durante la Guerra Cristera?: ....

5. ¿Dónde han vivido desde que acabó la guerra?: ....

6. ¿En qué trabajaron su esposo y ella?: ....

7. ¿Qué le desea a sus bisnietos?: ....

2.3. 👫 📝 **Todos nos preguntamos alguna vez cómo seremos de mayores. Mira atentamente la foto de esta joven actriz de cine, y cuéntanos cómo imaginas que será cuando tenga 70 años, dónde vivirá, etc.**

....

....

....

....

....

....

....

....

2.3.1. 👫 🌐 **Ahora, escuchen a la joven, tomen notas y cuenten a la clase si sus hipótesis se**
[26] **acercaban a la realidad.**

2.4. 🧍 🌐 **Escucha la siguiente canción y complétala.**
[27]

me apuñale la nostalgia

se me cierren las salidas

el diablo pase la factura

se rebelen los recuerdos

los vientos de la vida soplen fuerte

pierda toda magia

Cuando pierda todas las partidas,
cuando duerma con la soledad,
cuando ....,
y la noche no me deje en paz.

Cuando sienta miedo del silencio,
cuando cueste mantenerse en pie,
cuando ....,
y me pongan contra la pared.

Resistiré, erguido frente a todos,
me volveré de hierro para endurecer la piel,
y aunque ....,
soy como el junco, que se dobla, pero siempre sigue en pie.

Resistiré, para seguir viviendo,
soportaré los golpes y jamás me rendiré,
y aunque los sueños se me rompan en pedazos,
resistiré, resistiré...

Cuando el mundo ....,
cuando mi enemigo sea yo,
cuando ....,
y no reconozca ni mi voz.

Cuando amenace la locura,
cuando en mi moneda salga cruz,
cuando ....,
o si alguna vez me faltas tú.

2.4.1. 👫 💬 **Con tu compañero, busca un título para la canción.**

2.4.2.  Inventen una canción siguiendo la misma estructura.

Cuando ....,
cuando ....,
cuando ....,
y la noche no me deje en paz.

Resistiré, para seguir viviendo,
soportaré los golpes y jamás me rendiré,
y aunque los sueños se me rompan en pedazos,
resistiré, resistiré...

Cuando ....,
cuando ....,
cuando ....,
y me pongan contra la pared.

Cuando ....,
cuando ....,
cuando ....,
y no reconozca ni mi voz.

Resistiré, erguido frente a todos,
me volveré de hierro para endurecer la piel,
aunque los vientos de la vida soplen fuerte,
soy como el junco, que se dobla, pero siempre sigue en pie.

Cuando ....,
cuando ....,
cuando ....,
o si alguna vez me faltas tú.

2.5. Escribe sobre tres situaciones en las que reaccionaste mal y después te arrepentiste.

Ejemplo:

Ayer, mi mamá me puso nerviosa y le grité.

2.5.1. Ahora, confiésate ante tu compañero:

AYER, LE GRITÉ A MI POBRE MAMÁ PORQUE ME PUSO NERVIOSA. CUANDO VUELVA A PONERME NERVIOSA, CONTARÉ HASTA 10 ANTES DE CONTESTAR, PORQUE ELLA SE QUEDÓ MUY TRISTE, Y YO, LLENA DE REMORDIMIENTOS.

3 Oráculos

3.1.  ¿Sabes qué es un oráculo?

- ☐ Es el nombre de un ilusionista famoso
- ☐ Es una marca de cremas de noche
- ☐ Es una adivinanza cuya interpretación ayuda a conocer el futuro
- ☐ Es un horóscopo

3.2. Nosotros también tenemos nuestro oráculo particular, Prismatón. Este fue consultado por una estudiante antes de un examen, por un esposo indeciso antes de una boda, por un candidato a la presidencia..., pero sus respuestas se mezclaron. ¿Cuál crees que va dirigida a cada uno?

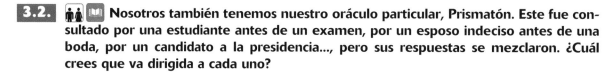

a *Cuando la noche caiga y las hojas se abran en color, el cuervo anunciará la suerte que te has buscado.*

b *Si tus ideas corren, tu mano las acompañará en su caminar.*

c *Cuando la cola de la paloma te conduzca hasta la catedral, el humo de las velas te liberará de las esposas.*

3.2.1. Ahora es su turno. Cada alumno escribirá en un papel una pregunta al oráculo.

3.2.2. El profesor les da dos preguntas de sus compañeros. Formulen oráculos para ellas.

3.2.3. ¿Creen en los oráculos? ¿Por qué?

3.3.  Lee atentamente el texto. Después, relaciona las palabras de la columna de la izquierda con su definición en la columna de la derecha.

I Ching, el oráculo oriental
tres monedas descubren tu futuro

Cuando no sepas qué camino elegir o cuál es la mejor decisión a tomar, consulta el I Ching. Este arte adivinatorio te permitirá resolver felizmente el problema y te marcará la conducta a seguir.

El I Ching es un oráculo, con 46 siglos de antigüedad, basado en la combinación del Yang (línea entera, principio masculino) y el Yin (línea partida, principio femenino). El lanzamiento de tres monedas iguales seis veces da lugar a una serie de hexagramas, 64 en total, cada uno con una definición muy clara que es la que marca la respuesta y la que te indica el camino apropiado.

Cómo se consulta

Consultar el I Ching es muy sencillo, tan solo necesitas tres monedas iguales. Puedes utilizar las de uso corriente y dar un valor de 2 a <u>la águila</u> y de <u>3 al sol</u>, o a la inversa. Las lanzas al aire y sumas el valor que resulte según la cara que ofrecen al caer. Las monedas se lanzan seis veces y en cada tirada hay que sumar los valores obtenidos. Los números pares señalan líneas partidas y los números impares, líneas completas. Las líneas se van colocando de abajo a arriba. Una vez lograda la figura, se busca en la tabla de hexagramas y se interpreta en función de lo que se ha consultado. Nunca deben hacerse más de tres consultas seguidas.

Qué preguntar

Al I Ching se le puede consultar todo lo que nos interese o preocupe: asuntos materiales o sentimentales, de salud, etc. Antes de hacer la consulta, conviene concentrarse bien en lo que queremos saber y lanzar las monedas teniendo en la mente la pregunta que estamos haciendo.

Texto adaptado de la revista Clara

España: *cara/cruz* | **Argentina:** *cara/ceca*

---

1 Lanzamiento •		• a Añadir
2 Hexagrama •		• b Seis gráficos
3 Águila •		• c 1, 3, 5...
4 Sol •		• d 2, 4, 6...
5 Sumar •		• e Anverso de la moneda
6 Par •		• f Aventar al aire
7 Impar •		• g Reverso de la moneda

3.3.1.  Y ahora, contesta a las preguntas siguientes:

¿QUÉ ES EL I CHING?

¿CUÁNTAS VECES TIENES QUE AVENTAR LAS MONEDAS Y PARA QUÉ?

¿QUÉ PASOS TIENES QUE SEGUIR PARA CONSULTARLO?

3.3.2. 🧍🗨 Ahora que ya conoces todos los secretos del I Ching, puedes hacerle tres preguntas y construir el hexagrama; después, busca el símbolo en la tabla de hexagramas que te dará el profesor y la respuesta en las claves.

3.4. 👥🗨 Elige una opción A o B y busca compañeros de tu misma opinión. Después, defiendan su postura frente al resto de la clase.

OPCIÓN A

El destino de las personas está escrito en las estrellas. Existe gente con una sensibilidad especial que puede ayudarnos a ver nuestro futuro.

OPCIÓN B

El futuro no se puede predecir ni entrever de ninguna manera; cualquier ciencia esotérica es un medio más para sacar dinero y consolar a los ingenuos. Y todo fenómeno paranormal es producto de nuestra imaginación y de nuestros miedos.

Autoevaluación

1. ¿Qué palabras conoces?

☐ Iguana ☐ Reboso ☐ Chambeo

☐ Lenta ☐ Kiosko

2. A este texto se le cayeron estas palabras, ¿puedes colocarlas?

Ahora soy una mujer ...., lentísima, no hago casi nada, ya no .... en la plaza, se me están yendo las fuerzas. Sí, si es verdad, ahora soy como una .... vieja con la lengua de fuera que solo en las tardes sale, con otras iguanas viejitas a tomar el sol en el .... del pueblo, con su .... de seda y sus huaraches de cuero, y por las noches, eso sí, una copita de rompope y al catre.

Para entender un texto, no es necesario conocer todas las palabras. El contexto siempre puede ayudarte a tomar decisiones.

3. Escribe las expresiones que recuerdes relacionadas con *cuando*.

SUPERSTICIONES POPULARES MEXICANAS

1. ¿Están de acuerdo con esta afirmación?

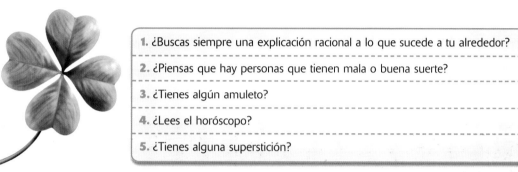

> Un pueblo que apuesta más por la superstición que por la ciencia está condenado a no controlar su destino y a que otros lo controlen por él.

2. ¿Eres supersticioso? Habla con tu compañero para saber si él lo es.

	SÍ	NO
1. ¿Buscas siempre una explicación racional a lo que sucede a tu alrededor?		
2. ¿Piensas que hay personas que tienen mala o buena suerte?		
3. ¿Tienes algún amuleto?		
4. ¿Lees el horóscopo?		
5. ¿Tienes alguna superstición?		

3. Busquen y escriban posibles respuestas a estas cuestiones sobre la superstición.

Amuletos que puedes encontrar en mercados mexicanos:

Alguna superstición mexicana:

Personas que crees que son más supersticiosos:

Supersticiones conocidas y compartidas internacionalmente:

Causas de la superstición:

Países más supersticiosos:

3.1. Van a escuchar a un experto mexicano hablando sobre este tema. Completen la información que escribieron con lo que él dice.
[28]

4. Muchos animales se relacionan con la superstición. Aquí tienes algunos que forman parte de la cultura y las creencias del norte de México. Clasifícalos según pienses que traen buena o mala suerte.

Buena suerte

Mala suerte

continúa...

Víbora

Coyote

Camaleón

Tecolote/Lechuza

Colibrí/Chuparrosa

Correcaminos

4.1. Para comprobar tus respuestas, lee estas supersticiones y escribe en cada recuadro el animal del que se habla.

Animal frágil y difícil de capturar; no soporta vivir en una jaula y muere muy pronto. Pero aún muerto, trae buena suerte, sobre todo en amores. Para tener éxito en el amor, se debe comprar uno disecado y llevarlo envuelto en la ropa. Se dice: "Traes .... en la bolsa, pelao" si un hombre tiene éxito entre las mujeres.

Por un lado, se cree que si lo ves debes poner los dedos en cruz y escupir tres veces para no tener mal agüero. También se dice: "Si pisas un .... padecerás grandes desgracias a no ser que lo mates". Pero, por otro lado, como es un reptil pequeño, si lo atrapas y lo echas a la bolsa, tendrás buena suerte en el amor.

La creencia universal de que cuando ves cruzar a un gato negro tienes mala suerte, se dice también con este lobo en México, sobre todo en el campo: "Cuando se te cruza un .... en el campo, tendrás mala suerte el resto del día". La única forma de evitar este mal augurio según esta creencia rural, sería matando al animal.

En las creencias mayas, toltecas, y mixtecas, era la mascota favorita del Señor de los Infiernos. Esta creencia se generalizó entre los indios de México y se le relacionó con la muerte y el mal agüero. Hay un dicho muy mexicano "Cuando el .... canta, el indio muere". Mucha gente de campo le maldice de palabra cuando ve a este animal nocturno para evitar la desgracia.

Cuando alguien tiene una buena racha es típico decir: "Mataste .... en viernes". Según esta creencia, si una persona mata a este animal un viernes, tendrá toda una semana de buena suerte. Además, si es de cascabel, mejor...

Al contrario que otros animales: "Cuando ves a un .... y se te cruza en tu camino, tendrás buena fortuna durante toda la jornada". Por esta razón, las personas sonríen al ver a este ave en el campo y esperan que pasen por en frente de su ruta.

4.1.1. ¿Qué animales están relacionados con la suerte en tu país? ¿Coinciden con los de tu compañero? ¿Existe alguna superstición o dicho sobre ellos?

5. ¿Puedes terminar estos dichos mexicanos? Escribe algún dicho que sepas o que se diga en tu país y cuéntaselo a tus compañeros.

Cuando se te pare una mosca en la nariz, •   • todo se te cumplirá.
Cuando sueñes un sábado, •   • será que mentiste.
Cuando te salgan manchas blancas en las uñas, •   • recibirás una carta.

10

Unidad

Día del Grito de Independencia en Zacatecas (México)

Contenidos funcionales

- Explicar el motivo o la causa de una acción
- Explicar la verdadera causa de algo negando otra explicación
- Justificar una opinión negando otra anterior
- Dar explicaciones o disculparse por algo
- Expresar molestia
- Expresar resignación y conformidad
- Lamentarse de algo
- Tranquilizar y consolar a alguien

Contenidos gramaticales

- Conjunciones causales: *porque, a causa de (que), debido a (que), ya que, dado que, puesto que, como, por, no porque..., sino porque, no es que..., sino que...*

Contenidos léxicos

- Manías y costumbres
- Mensaje, mensajes de texto en el celular, correo electrónico, carta informal y nota

Contenidos culturales

- *Lituma en los Andes* de Mario Vargas Llosa
- El mundo laboral en México
- Mensajes de texto en el celular

Nos conocemos

- Mujeres trabajadoras y latinas

1.1. Lee las explicaciones a las siguientes preguntas.

¿Por qué América recibió este nombre?

Porque América Vespucio, un navegante italiano, fue el primero en proponer que la tierra descubierta por Cristobal Colón era un nuevo continente y no las Indias, como se creía hasta entonces.

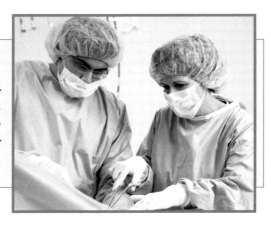

¿Por qué los cirujanos visten de verde?

Porque en 1941 un médico anónimo descubrió que el color verde espinaca no era angustioso ni repulsivo para el paciente como sucedía con el blanco. Actualmente, y debido a la iluminación de las salas de operaciones, se emplea un color azul con un gran contenido de gris.

¿Por qué existen volcanes que continúan activos?

Como un volcán puede ser activo durante más de 200 000 años, los geólogos estiman que hay unos 1300 volcanes que todavía no están apagados, ya que no transcurrió tiempo suficiente para su extinción.

¿Por qué el teclado de las computadoras tiene ese orden concreto?

Dado que al principio las teclas de las máquinas de escribir se atascaban con facilidad, especialmente al teclear deprisa, la solución a este problema fue separar las letras de más uso.

1.1.1.  Ahora, inventa respuestas a los siguientes *porqués*. Luego, el profesor les dará la solución.

¿Por qué en Latinoamérica abundan las iglesias barrocas?

¿Por qué los toreros llevan colita de caballo?

¿Por qué el cántaro enfría el agua?

¿Por qué los piratas llevaban aretes?

¿Por qué la cebolla nos hace llorar?

◇ Causales

- **Por + infinitivo/sustantivo/adjetivo**

  *Aprobó **por** estudiar diariamente para el examen.*
  *Aprobó **por** su esfuerzo.*
  *Aprobó **por** trabajador, constante en el estudio y disciplinado.*

- ***Porque, debido a (que), a causa de (que), ya que, dado que, puesto que, como + indicativo***

  *Te lo dijo **porque** quiere ayudarte.*
  ***Ya que** estás aquí, ayúdanos con la computadora, por favor.*
  ***Dado que** no decidieron nada, aplazaremos la reunión.*
  ***Puesto que** lo sabes, debes tomar una decisión.*
  ***Como** no nos dijiste cuál era tu problema laboral, no pudimos hacer nada.*

  > *Ya que, dado que* y *puesto que* presuponen que la causa que introducen es conocida por el interlocutor (a diferencia de *porque*).

- ***Porque + indicativo, no porque + subjuntivo.*** En estas frases, *porque* explica el verdadero motivo de una acción, mientras que el *no porque* desecha otra posible interpretación o justificación de la acción.

  *Voy a esa reunión **porque** me obligan, **no porque** quiera.*

Recuerda, ***como*** siempre va al principio de la frase:
> ***Como*** *llegaste tarde a clase, no lo viste.*

1.2.  **Relaciona las dos columnas y escribe, después, frases utilizando una causal. Puede haber varias soluciones.**

1. .... no cambió de actitud,
2. No trajo el reporte
3. La entrevista se canceló
4. Tiene incapacidad
5. .... no duerme lo suficiente,
6. Estoy cansado
7. .... lo conoces,
8. .... el comercial no consiguió la firma del contrato,
9. .... su trabajo fue muy bueno,
10. Te ascendieron

- a. .... se le olvidó que la reunión era hoy.
- b. .... eres el mejor.
- c. habla tú con ese cliente de toda la vida.
- d. Don Manuel está muy enojado.
- e. .... hago demasiadas horas extras.
- f. .... acaba de tener un niño.
- g. no rinde bien en el trabajo.
- h. decidimos renovarle el contrato.
- i. .... un problema urgente.
- j. lo despidieron.

1.3.  Escucha los siguientes enigmas. ¿Puedes resolverlos?

[29]

¿Por qué se habrá enojado el chavo?

Quizá haya sido un malentendido.

Como le gritaste, *seguro* que se enojó *por* eso.

1.4. Imagina la siguiente situación: te despidieron después de trabajar durante más de 15 años en una empresa multinacional. Aquí tienes una serie de causas de despido. Léelas.

- Reajustar la plantilla con un equipo más joven y dinámico.
- Haber una fusión de empresas y desaparecer mi puesto.
- No ser intuitivo, discreto, honesto, curioso y eficaz en el trabajo.
- Ser impuntual o por absentismo laboral.
- Falta de productividad.
- No querer evolucionar.
- Caerle mal al nuevo jefe de departamento y no entenderse.
- No estar motivado.
- Otras...

Ahora, escribe en cada tarjeta lo que vas a explicarles a diferentes personas sobre las causas de tu despido. Aquí tienes una lista de posibles personas: tu pareja, tu mejor amigo, un conocido, un compañero de trabajo cualquiera, tu psiquiatra, el nuevo jefe de personal de otra empresa...

(A mi pareja)
Me despidieron porque reajustaron la plantilla con un equipo más joven y dinámico.

(A ....)
Me quedé sin trabajo. Lo que pasó es que .....
....
....

(A mi ....)
Me quedé sin empleo. Déjame explicarte, ...
....
....
....

(A ....)
Dejé de trabajar en mi empresa. Mis razones son las siguientes ....
....
....

(A ....)
Me quedé sin trabajo. Pues, como ....
....
....
....

CONTINÚA ••••⋮•

(A ....)

Estoy desempleado. Sucede que ....

....

....

(A ....)

Me <u>corrieron</u>. Debido a (que) ....

....

....

(A ....)

Dejé mi trabajo. Pues, la verdad, me parecía que

....

....

(A ....)

Me despidieron. A decir verdad, lo hicieron porque

....

.... no porque

....

España: *echar (a alguien de un lugar)* **Argentina:** *echar (a alguien) de un lugar*

1.4.1. 👫 💬 **Ahora, simula un diálogo con alguna de esas personas en el que les explicas el porqué de tu despido. Tu compañero reaccionará ante tu explicación utilizando alguna de las expresiones que te damos a continuación. Después, intercambien los papeles.**

EXPRESAR MOLESTIA

– ¡Qué fastidio!
– ¡Qué rollo!
– ¡Qué lata!/¡Vaya lata!
– Me molesta que (...)
– Me fastidia/enoja que (...)
– ¡Qué rabia!

EXPRESAR RESIGNACIÓN Y CONFORMIDAD

– ¡Paciencia!
– ¡Qué le vamos a hacer!
– ¡Ni modo!
– Ya nos las arreglaremos
– Se veía venir, era solo cuestión de tiempo
– Ya lo esperábamos

LAMENTARSE DE ALGO

– ¡Dios mío!
– ¡Qué pena!
– ¡Ay! Lo siento
– ¡Qué desgracia!
– ¡Qué lástima!
– Siento/me apena que (...)
– ¡Cuánto lo siento!
– ¡Qué mala onda!

TRANQUILIZAR O CONSOLAR A ALGUIEN

– ¡Cálmate!
– ¡Tómatelo con calma!
– Ya verás como todo se arregla
– Ya verás como encuentras una solución
– Con el tiempo te sentirás mejor
– No pierdas las esperanzas de (...)
– Tranquilo, tranquilo
– Ya sabes que cuentas conmigo
– ¡No te enojes!
– Bueno, no te apures

1.5. 👫 💬 **Cada uno de ustedes tiene una parte de cuatro diálogos. Habla con tu compañero para completarlos.**

Ejemplo:

Alumno A: *Hasta luego, Sergio. Vamos a la oficina del jefe de ventas.*

Alumno B: *Oye, pues ya que van, ¿les importa decirle que iré a verlo mañana a las 9?*

1. ☐ Nos vemos, Luis. Me voy a entrevistar a los candidatos para el puesto de administrativo.

2. ☐ Sí, es cierto, y me parece que, **dado que** ya son las 11 de la noche, lo mejor es que dejemos el proyecto por hoy y nos marchemos a casa.

3. ☐ ¡Ahorita mismo! Tus deseos son órdenes para mí.

4. ☐ **Como** estamos más tranquilos, ¿por qué no aprovechamos para terminar el reporte?

alumno a

CONTINÚA ····⁝▸

1. ☐ ¡Cómo se nota que casi toda la plantilla está de puente estos días!

2. ☐ **Ya que** vas, no olvides hablarles de los horarios flexibles de la empresa.

3. ☐ Oye, **puesto que** estás usando ahora la computadora, ¿te importa imprimir el documento 1?

4. ☐ Estoy agotado/a. Ya no puedo más.

2 Pareja sin hijos

2.1. Relaciona las palabras y expresiones con su definición.

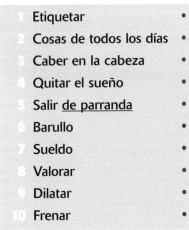

1 Etiquetar •	• a preocupar
2 Cosas de todos los días •	• b clasificar, denominar
3 Caber en la cabeza •	• c alboroto, algarabía
4 Quitar el sueño •	• d limitar
5 Salir <u>de parranda</u> •	• e comprender
6 Barullo •	• f salir de noche para divertirse
7 Sueldo •	• g dinero recibido regularmente por desempeñar un trabajo
8 Valorar •	• h posponer, retrasar
9 Dilatar •	• i habitual, cotidiano
10 Frenar •	• j apreciar

España: *de marcha*

Argentina: *de joda*

2.1.1. Antes de leer el texto intenta predecir su contenido contestando **SÍ** o **NO**.

Antes de leer		Después de leer
SÍ NO	Al igual que en otros países, en México cada día hay parejas que deciden no tener hijos.	SÍ NO
SÍ NO	La decisión de estas personas es comprendida fácilmente por sus familiares y amigos.	SÍ NO
SÍ NO	A las parejas sin hijos les preocupan las críticas sociales y familiares.	SÍ NO
SÍ NO	Típicamente, son jóvenes de veintitantos años con poco nivel educativo.	SÍ NO
SÍ NO	A estas parejas, tampoco les gustan las mascotas.	SÍ NO
SÍ NO	Por lo general, estas parejas buscan lograr una estabilidad económica y laboral antes de tener hijos.	SÍ NO
SÍ NO	La participación de las mujeres en el ámbito laboral ha influido en el número de parejas que deciden retrasar o revaluar la llegada de los hijos.	SÍ NO
SÍ NO	Los mercadólogos están interesados en las parejas jóvenes sin hijos.	SÍ NO
SÍ NO	Generalmente, a estas parejas les gusta viajar y comer en buenos restaurantes.	SÍ NO

Manías y costumbres de las parejas sin hijos

Al igual que en muchas urbes norteamericanas y europeas, en las ciudades mexicanas cada vez son más comunes las parejas de treintañeros que han decidido no tener hijos, ya sea porque frenarían su desarrollo personal o porque consideran que la situación económica y social del país no es muy esperanzadora. A estas parejas, los mercadólogos los han etiquetado como *dinks*, las siglas en inglés para *double income, no kids* (doble ingreso sin niños).

Para estas parejas, las críticas son cosa de todos los días, ya que a sus familiares y amigos no les cabe en la cabeza que no quieran "vivir la mejor experiencia del mundo".

A los *dinks*, las críticas no les quitan el sueño, ellos prefieren usar su tiempo y dinero en viajes, ropa y pasatiempos; en lugar de pagar pañales y colegiaturas. Viven en departamentos bien decorados, salen de parranda con sus amigos, asisten a conciertos, gastan su dinero en ropa, discos, libros y tecnología, ahorran para viajar al extranjero y comen en restaurantes *gourmet*. Los fines de semana pueden dormir hasta tarde sin preocuparse por el barullo de los niños y no tienen la presión de ayudar con tareas escolares.

"Son hombres y mujeres de 20, 30 y hasta 40 años, con mayores niveles educativos, profesionales, independientes, con carreras laborales exitosas y que pueden ahorrar parte de su sueldo", explicó Alejandro Garnica, director general de la AMAI (Asociación Mexicana de Agencias de Investigaciones de Mercado).

En México se calcula que un 7% de los hogares son parejas sin hijos. Es decir, habría 1 700 000 hogares con dos adultos sin niños, según el Consejo Nacional de Población (CONAPO).

Los *dinks* tienen dinero extra para gastar en otras cosas que a la mayoría de la gente no le interesarían. Son personas que valoran la cultura y los viajes, buscan el turismo de aventura, se hacen acompañar por mascotas, aprecian lo académico, la formación e invierten en el cuidado de su estética y su salud (alimentación, ejercicio o masajes).

La corriente *dink* congrega principalmente a parejas que buscan su realización personal, profesional y económica, y que tienen claro que la paternidad o maternidad es más una decisión que una cuestión biológica determinada por la tradición.

Eduardo Hernández Varela, presidente de la academia Corrientes y sistemas en psicología, de la Universidad de Guadalajara, expuso que algunos de los factores que han influido para que las personas decidan no tener hijos, han sido que las mujeres asistieron a las universidades y ocuparon puestos laborales que las hacen retrasar o revaluar la llegada de los hijos.

Muchas parejas esperan tener mejor sustento económico para el dilatado embarazo. También desean tener más tiempo libre para atenderlo.

Según estadísticas de *American Demographics Magazine*, en Estados Unidos se prevé que para 2010 habrá 31 millones de familias *dink*; en España estas parejas suman hoy 800 000, 75% más que hace cinco años; en China, al menos el 12,4% de las familias son *dinks*. Italia, Japón y Canadá siguen la misma corriente.

Adaptado de "Un mundo sin niños" en *La Gaceta Universitaria*.
Universidad de Guadalajara

2.1.3. 👥 💬 **Ahora, comenta con tu compañero cómo son las parejas jóvenes en tu país.**

– Tipo de alojamiento y decoración de sus casas

– Horarios (trabajo, comidas...)

– Ocio y tiempo libre (aficiones, vida social...)

– Animales de compañía

– Vacaciones favoritas

3 ¡**Porque** yo lo **valgo**!

3.1. 👥 📝 **Son familiares de la famosa actriz Cecilia Rojo, que recientemente ha triunfado en la meca del cine, o sea, Hollywood. Van a desmentir, por escrito, con sus opiniones las informaciones falsas que a veces dan los *paparazzi*.**

Ejemplo:

Los *paparazzi*: *Es muy ambiciosa.*

Un familiar: ***No es que <u>sea</u>*** *muy ambiciosa,* ***sino que*** *es muy trabajadora.*

- Cuando quieras negar algo **para dar una opinión nueva o explicar algo** con más detalle, usa:

  No. Esa persona ***no es que*** *sea exigente,* ***sino que*** *es perfeccionista.*

- Cuando quieras negar algo **para dar una justificación nueva**, puedes usar:

  No, gracias. ***No porque*** *no quiera,* ***sino porque*** *tengo que trabajar.*

Los paparazzi opinan:

A   Es muy ambiciosa.

B   Actualmente, ningún director la está llamando para protagonizar ninguna película.

C   Es muy floja.

D   Como ha acudido al ginecólogo, está embarazada.

E   Tiene los mejores profesores de la escuela dramática para preparar bien sus papeles.

F   Se casó con su novio.

G   No es buena actriz e insulta a los periodistas.

La familia desmiente:

1. Es muy trabajadora.
2. Está descansando de tanto promocionar películas.
3. Es muy tranquila y serena.
4. Fue al ginecólogo para hacerse una revisión rutinaria.
5. Interpreta muy bien sus papeles y es una actriz muy natural.
6. Está viviendo con su novio.
7. Es muy envidiada por sus éxitos.

1. _____

2. _____

3. _____

4. _____

5. _____

6. _____

7. _____

3.1.1.  🔊 Ahora, escucha y comprueba si las aclaraciones de la mamá de Cecilia Rojo
[30] coinciden con las que escribieron. Anota las diferencias.

....
....
....
....
....
....
....
....
....
....

3.2. 👥 @ Antes de realizar la actividad, busca palabras o expresiones sinónimas a las siguientes definiciones.

> Crear una empresa.
>
> Empresa que instala y arregla las conducciones de agua en una casa.
>
> Ganar mucho dinero.
>
> Considerar como festivo el día intermedio entre dos que lo son realmente.
>
> Incrementar el salario.

3.2.1. 👥 @ Tu compañero te va a hacer algunas proposiciones. Recházalas justificándote.

Ejemplo:

| **Alumno A:** | ¿Por qué no vienes con nosotros a San Luis Potosí? |
| **Alumno B:** | No, gracias. No porque no **pueda**, sino porque ya estuve el verano pasado y me encantó. |

alumno a

1. ¿Por qué no te inscribes en una escuela privada?

2. Anda, ayúdame a resolver este problema de matemáticas.

3. ¿Y si vas a la biblioteca a estudiar?

4. Yo que tú enviaría el currículum vítae a esa multinacional.

5. ¿Por qué no montas una empresa de plomería? Seguro que te forras de dinero.

alumno b

1. ¿Por qué no haces un curso de computación?

2. Yo que tú pediría un aumento de sueldo.

3. ¿Qué tal si hablamos con la directora de Recursos Humanos?

4. ¿Me ayudas a traducir este párrafo?

5. ¿Vamos a hacer puente este año en diciembre?

4 ¡Cuánto lo siento!

4.1. Relaciona cada texto con el tipo de comunicación.

A. La nota .... ☐ **D.** El correo electrónico .... ☐

B. El mensaje recogido de una llamada ☐ **E.** El mensaje por celular .... ☐

C. La carta informal .... ☐

1

Llamó el señor Leibar, de construcciones Larhogar, para disculparse por no poder asistir a la cita que mañana tenían a las 10.

2

K onda? No puedo, mmm, sorry... Stoy studiando. Nos vms? Bye

3

PACO, PERDONA.

SIENTO MUCHÍSIMO NO PODER ENTREGARTE HOY TAMPOCO EL RESUMEN DE CONTABILIDAD QUE ME PEDISTE LA SEMANA PASADA.

ES QUE A PRIMERA HORA TUVE QUE SUSTITUIR A ISABEL EN LA FERIA DEL LIBRO. LO SIENTO MUCHÍSIMO, DE VERDAD. NO FUE CULPA MÍA.

MAÑANA SIN FALTA TE LO ENTREGO.

LAURA

4

Morelia, 20 de octubre de 2009

¡Hola, Guillermo!

¿Qué tal ? Espero que todo te esté yendo muy bien en tu nuevo trabajo en Monterrey. Me enteré de que el otro día viniste a Morelia y saliste con nuestros cuatachos. Siento no haber podido ir con ustedes, pero es que fui a la fiesta de cumpleaños de Miguel. Como me había invitado con bastante anterioridad, me daba un poco de pena decirle que no podía ir.

¡Ah!, de paso, también quiero pedirte disculpas por no haberte escrito antes. Es que había perdido tu dirección. Por cierto, ¿tienes correo electrónico? Como a partir de ahora quiero estar más en contacto contigo, sería fabuloso que me mandaras la dirección y así podríamos escribirnos a menudo...

Bueno, ya no se me ocurre nada más que decir y tengo prisa porque voy a ir con Elena y Pedro a comprar una computadora nueva. ¡Cuídate!

Un beso,

5

⇒ Enviar ⊂ Adjuntar

De: _____

Asunto: _____

Aquí le mando por fin la información de los nuevos precios de nuestros productos que solicitó el lunes pasado.

Le pido que me disculpe por no haber podido enviarla antes, pero debido a que últimamente he tenido numerosos problemas en mi cuenta de correo me resultó imposible hacerlo.

Atentamente,

Raúl Marquina

4.1.1. 👥📝 **Señala las diferentes partes de la carta que acabas de leer con las palabras del recuadro.**

la firma • la fecha • el cuerpo de la carta • la despedida • el encabezado

4.1.2. 👥📝 **¿A qué parte de una carta corresponden estas frases?**

1. ¡Hola, Pepe!
2. ¡Hasta pronto!
3. ¿Qué tal va todo? Espero que muy bien.
4. Bueno, salúdame a todo el mundo y hasta pronto. Besos,
5. Te escribo esta carta para...
6. Desde hace tiempo que quería escribirte y hoy...
7. Muchos besos,
8. Un abrazo muy fuerte,
9. Por fin te mando estas líneas, porque hacía tiempo que quería escribirte, pero...
10. Me estaba acordando de ti y por eso...
11. Querida amiga:
12. Como lo prometido es deuda, te escribo esta carta para contarte que...
13. Un beso,
14. Querido Miguel:
15. Cariños,
16. Te mando un saludito, que estés bien...

El encabezado	El cuerpo de la carta	La despedida

4.1.3. 👥📝 **Subraya las expresiones de disculpa y justificación que aparecen en la actividad 4.1.**

Recuerda que para justificarnos usamos también la expresión coloquial de causa **es que** (= es porque).

4.2. 👤🎧 [31] **Escucha y marca en la columna de la izquierda en qué orden hablan las siguientes personas.**

4.2.1. 👥📝 **Vuelve a escuchar la grabación y escribe las excusas de estas seis personas.**

○	Un mensajero	
○	Una paciente	
①	Un funcionario	
○	Una sirvienta	
○	Una acusada	
○	Un actor	

4.3. 👤🏠 **Elige una de estas situaciones y escribe un correo electrónico disculpándote.**

1. Ayer quedaste con un amigo para ir al cine y no pudiste ir porque saliste tarde de trabajar. Platícaselo.
2. Mañana tienes que entregar un reporte, pero no vas a tener tiempo de terminarlo. Escribe a tu jefe.
3. Esta tarde pensabas ayudar a un amigo, pero recordaste que tienes que ir al dentista. Escríbele explicándoselo.
4. Esta mañana tuviste un problema en la oficina y crees que fuiste un poco grosera con un compañero que, además, te gusta. Intenta solucionarlo.

5 ¡**Porque** lo **digo** yo!

5.1. 👫 💬 Encontraron un nuevo planeta donde la vida es posible. Van a llevar a un grupo de personas para crear una nueva sociedad en ese planeta. Tienen que elegir a las siete personas que van a formar parte del experimento. Defiendan, argumenten y justifiquen su decisión.

5.1.1. 🏭 💬 Finalmente, elaboren una lista definitiva entre todos.

LISTA DE CANDIDATOS

- Un juez de 50 años.
- Una economista soltera de 25 años.
- El jefe de una tribu, de 52 años.
- La mujer embarazada del jefe de la tribu.
- Un bailarín profesional de 30 años.
- Un marinero joven.
- Una ingeniera agrónoma de 35 años.
- Un cura de 35 años.
- Una agricultora de 28 años.
- Un profesor de Historia de 27 años.
- Una socióloga de 34 años.
- Una doctora de 26 años.
- Un hechicero de una tribu, de 37 años.
- Un psiquiatra de 52 años.
- Un adolescente superdotado.
- Una profesora de Matemáticas de 27 años.
- Un informático de 32 años.
- Un biólogo especialista en la evolución de las especies, de 37 años.
- Una pintora de 31 años.
- Un banquero de 41 años.

Autoevaluación

1. **Echa un vistazo durante unos minutos a las oraciones causales de esta unidad. Después, escribe:**

   Las partículas de causa *más difíciles:* ....

   Las partículas de causa *más cultas:*...

   Las partículas de causa *más coloquiales:* ....

   Las partículas de causa *que van con subjuntivo:* ....

   Las palabras nuevas: ....

   Las expresiones idiomáticas que más fácilmente puedo recordar: ....

   ....

2. **Compara y comenta tus respuestas con las de tu compañero, ¿coinciden en algunas?**

3. **¿Qué rasgos culturales nuevos aprendiste en esta unidad sobre los mexicanos? ¿Son muy diferentes en tu país?**

4. **En esta unidad vimos diferentes tipos de textos informales. ¿En tu lengua también se hacen abreviaturas en los mensajes que envías por el celular? ¿Por qué crees que pasa? ¿Qué te parece? Fíjate en el código que te va a dar tu profesor para escribir mensajes desde un teléfono celular en español.**

MUJERES TRABAJADORAS Y LATINAS

1. ¿Qué te sugiere este título? ¿Cuál crees que es la situación de la mujer en los países de habla hispana? ¿Conoces a mujeres de tu alrededor que tienen una vida interesante? ¿Qué mujeres latinas conoces? ¿Por qué? Habla con tu compañero.

2. Lee el siguiente texto sobre el papel de la mujer en Latinoamérica e intenta resumirlo con tus palabras.

La mujer latina actual

La situación de las mujeres en Latinoamérica cambió en los últimos años. Muchas más mujeres viven actualmente en grandes metrópolis, como São Paolo, Buenos Aires y México DF, que en las zonas rurales. En los últimos veinte años, el número de mujeres empleadas en la economía formal subió en un 85% en todas las regiones latinoamericanas. Este aumento también se produjo en la educación de las jóvenes. La participación de las mujeres en la administración política de sus países creció considerablemente, y el número de senadoras, jueces, alcaldesas y presidentas de Estado es sorprendente.

Pero este aumento de la participación laboral de la mujer, coexiste con un número creciente de mujeres que viven en condiciones de pobreza, trabajando en la economía informal, como vendedoras ambulantes, lavanderas y sirvientas.

Esta variación, no solo económica sino también sociocultural, hace que no podamos hablar de un solo tipo de mujer latinoamericana. Una venezolana tendrá problemas para comunicarse con una brasileña, puesto que hablan distintos idiomas, pertenecen a grupos raciales y étnicos diferentes, y tienen referencias culturales muy dispares. Una ejecutiva de Buenos Aires tendrá muy poco en común con una campesina de Perú. Por lo tanto, la historia de las latinoamericanas debe hacerse a partir de la plena conciencia de esta herencia y diversidad múltiple.

2.1. Busca en el texto un sinónimo de:

a. convive: ....
c. itinerantes: ....
e. incremento: ....
b. evolucionó: ....
d. trabajadoras: ....
f. metrópolis: ....

3. [32] ¿Cuál crees que fue la vida de estas mujeres luchadoras? Escucha sus vidas y señala qué características pertenecen a cada una.

Mujeres latinas con historia

1. Yuriana Montufar

2. María González

3. Marcia Fabiani

continúa...

.... Líder indígena de Ecuador.	.... Fundó escuelas bilingües.
.... Inmigrante mexicana en los EE. UU.	.... Trabajó en el servicio doméstico y como maquiladora.
.... Luchó por la defensa de los derechos indígenas.	.... Al final consiguió la residencia y vive felizmente.
.... Fue detenida y encarcelada.	.... Activista de los derechos humanos en Argentina.
.... Es un verdadero ejemplo de lucha para su comunidad.	.... Asesinaron a su hijo y a su nuera.
.... Sus primeros años en el nuevo país se caracterizaron por la soledad y la desesperación.	.... Lucha por encontrar a su nieta, sea como sea.

3.1. ¿Qué tres temas de la historia de Latinoamérica se relacionan con las vidas de estas tres mujeres?

4. ¿Quiénes son? ¿Conocen a estas mujeres? ¿Por qué creen que son famosas? En parejas, imaginen por qué creen que estas mujeres, con su trabajo y su esfuerzo, fueron reconocidas en los EE. UU.

Mujeres latinas y famosas en los EE. UU.

La cultura y desarrollo de los latinos es cada vez más importante en el seno de los Estados Unidos ya sea a través de las artes, el deporte, la política o la comunicación.

☐ Primera mujer que alcanzó el puesto de Vicepresidenta Ejecutiva del mayor sindicato norteamericano AFL-CIO.

☐ Primera mujer hispana en ser elegida miembro del Congreso de EE. UU. Con siete años tuvo que huir con su familia del comunismo en Cuba.

☐ Primera actriz hispana que ganó un Emmy, un Oscar, un Grammy y un Tony, destacando su trabajo en "West Side Story" y "Cantando bajo la lluvia".

☐ Cantante, actriz y empresaria. Posee una línea de cosméticos, de ropa y publicación propia.

☐ Primera latina que asume un cargo de fiscal general en Nueva Jersey. Cuando llegó de Cuba pensó que terminaría trabajando en una fábrica o, con suerte, en una oficina.

☐ Cantante y productora colombiana del género *pop-rock* en español y en inglés. Ganadora del Premio Grammy y siete veces del Grammy latino.

Linda
Chávez-Thompson
(mexicana)

Ileana
Ros-Lehtinen
(cubana)

Rita
Moreno
(puertorriqueña)

Thalía
Sodi
(mexicana)

Zulima
V. Farber
(cubana)

Shakira
(colombiana)

5. Elige uno de los personajes anteriores y busca a aquellos compañeros que eligieron a ese mismo personaje. Juntos van a escribir cómo creen que fue su vida. Después la van a presentar a la clase.

6. Busquen en Internet la biografía del personaje que eligieron en la actividad anterior. Léanla y compárenla con la que hicieron.

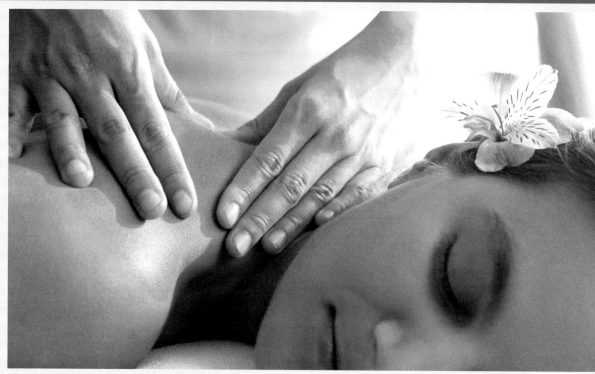

11

Unidad

Contenidos funcionales
- Expresar consecuencia y finalidad
- Presentar una reclamación por escrito (carta formal)
- Argumentar

Contenidos gramaticales
- Conectores de la argumentación
- Consecuencia: *por eso, por lo tanto, así que, de ahí que, tan... que*
- Finalidad: *para que, a que, a fin de que*

Contenidos léxicos
- Salud y estética

Contenidos culturales
- Balnearios en Hidalgo (México)

Nos conocemos

- Medicina tradicional indígena

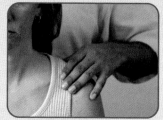

Aunque la mona **se vista** de seda...

1.1. 👪 💬 **¿Sabes cómo continúa el refrán? Habla con tus compañeros. Si ninguno lo sabe, pregunten al profesor. ¿Qué crees que significa? ¿Estás de acuerdo o crees que no se puede generalizar?**

1.2. 👫 🔍 **¿Qué significan estas palabras? Con tu compañero, trata de relacionar las dos columnas.**

1 Tejido •	• **a** cirugía plástica de la nariz
2 Extirpado •	• **b** médico anestesiólogo con bloqueo regional o general para realizar una intervención quirúrgica
3 Tumor •	• **c** conjunto de células de estructura y función similar, por ejemplo la piel
4 Rinoplastia •	• **d** dañado por la acción del fuego
5 Quemado •	• **e** intervención para aumentar el tamaño del pecho de una mujer
6 Implante mamario •	• **f** pliegue o surco que se forma en la piel, generalmente a consecuencia de la edad
7 Anestesista •	• **g** grupo de células que se han reproducido por error, por enfermedad
8 Arruga •	• **h** cortado, eliminado

1.2.1. 🧍 📖 **Lee el siguiente texto:**

MEDICINA ESTÉTICA

El concepto estética ha perdido su precisión, **debido a que** se utiliza para el arreglo personal y se asocia a un centro de belleza.

El término medicina estética se refiere a la cirugía plástica estética y reconstructiva. El problema es que hoy día es practicada por personas que no tienen la formación precisa en esta especialidad, **puesto que** no han cumplido con

los procedimientos académicos y prácticas necesarias: 4 años de cirugía general, estudios, exámenes, guardias, competir con otros cirujanos que quieren la especialidad y más 3 años de residencia en cirugía plástica estética y reconstructiva. **En cambio**, estas personas solo pagan cursos aislados de un año, cada sábado (48 clases aproximadamente). **Luego**, realizan liposucciones, **incluso** colocan prótesis de mama. **En definitiva**, es resultado de médicos especialistas con ambición de dinero que mal preparan a estos estafadores sin que la autoridad los detenga: **por un lado**, porque las leyes son insuficientes; y, **por otro**, porque hay corrupción. **Además**, se amparan en un título de médico cirujano y partero.

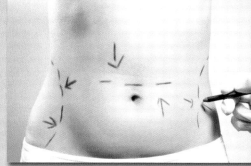

Ser especialista en cirugía plástica estética y reconstructiva requiere aprobar un examen profesional, **así que** dichos médicos no lo pasan, **ya que** no les interesa la cirugía reconstructiva; **es decir**, solo buscan la parte lucrativa de la especialidad. **Por todo ello**, son mercaderes de la medicina. Tan culpables son ellos como los que imparten dichos cursos y **también** las empresas que les venden los equipos necesarios, **a pesar de que** saben que no son especialistas. Es necesario informar a la gente **porque** son unos charlatanes. **En conclusión**, quien requiera de cirugía estética debe exigir la cédula profesional a quien se ostente como cirujano plástico. Si no la tiene, que cambie de médico.

Texto adaptado de: *http://www.cirugiaplasticadehoy.com/?p=7*

1.2.2. ⊞ 🗩 ¿Es similar la situación en tu país? ¿Son muy frecuentes las operaciones de cirugía estética? ¿Crees que las clínicas que las realizan ofrecen garantías? ¿Cuál es tu opinión sobre estas intervenciones? ¿Te operarías tú?

1.2.3. 👥 📝 ¿Te fijaste en las palabras que están marcadas en negrita en el texto? ¿Sabes
qué significan? Con tu compañero, completa los siguientes cuadros:

ⓘ Conectores de la argumentación

- **Organizar ideas**

Inicio	Desarrollo	Conclusión
primero,		
segundo,	*a continuación,*	*finalmente,*
	después,	
(lado),	*más tarde,*	*por eso,*
por una parte,	*entonces,*	*en resumen,*
por otra (parte),		*en suma,*

- **Añadir información** • **Contrastar ideas** • **Expresar causa**

Añadir información	Contrastar ideas	Expresar causa
	pero	
encima	*sin embargo,*	*como*
	aun y todo,	
asimismo,		*dado que*
		a causa de (que)
	aunque	

- **Expresar consecuencia**

por eso	*de ahí que*	*con motivo de*
	(no) tan... que	*por culpa de (que)*
es por todo esto por lo que	*luego*	*gracias a (que)*
en consecuencia		*no porque..., sino porque*

- **Expresar finalidad** • **Reformular ideas** • **Referirse a una idea anterior**

Expresar finalidad	Reformular ideas	Referirse a una idea anterior
para que	*o sea,*	*respecto a*
a (que)		*en cuanto a*
a fin de (que)	*en otras palabras,*	*en relación con*
	dicho de otro modo,	*referente a*

1.2.4. 👥 📝 Une y transforma las siguientes frases con alguno de los posibles conectores del
discurso antes estudiados.

Ejemplo: *Ese actor se aplica una crema facial hidratante. Tiene muchas arrugas.*

*Ese actor se aplica una crema hidratante **porque** tiene muchas arrugas.*

*A **pesar de** aplicarse una crema hidratante, ese actor tiene muchas arrugas.*

1. *Tengo bastante tos. Hoy voy a ir a trabajar.*

....

2. La estilista enjabona y enjuaga el cabello a la clienta. *Pone una mascarilla.*

....

3. Esa mujer va a ir a la ópera. *Siempre se perfuma.*

....

4. Los jóvenes de hoy en día están muy preocupados por su aspecto físico. *Van con mucha frecuencia al gimnasio.* La mayor parte de su presupuesto lo gastan en ropa.

....

5. En su carta me pide también consejo para el cuidado de las varices. *Ahora voy a referirme a ese tema.* Debe aplicarse una crema para las varices.

....

6. Mi suegra no tiene la piel tersa ni firme. *Se hizo la cirugía estética.*

....

2 En la **salud** y en la **enfermedad**

2.1. 👥 🔍 **Busca qué significan estas palabras. Puedes utilizar el diccionario.**

calmante	inyección	estornudo	botiquín
fractura	paperas	calentura	camilla
convalecencia	resfriado	derrame	convulsión

2.1.1. 👤 🎧 **Ahora vas a escuchar a varias personas que hablan sobre diferentes enferme-**
[33] **dades. Toma nota de qué enfermedades hablan y de sus consecuencias.**

enfermedades	consecuencias

2.1.2. 👥 📝 **¿Qué conectores aparecen en las frases para introducir la consecuencia? La mayoría de ellos va acompañada de un verbo en indicativo, pero otros exigen el uso del subjuntivo. Clasifícalos.**

conectores de consecuencia
con indicativo

conectores de consecuencia
con subjuntivo

2.2. ¿Qué pasó? ¿Cuáles crees que pudieron ser las consecuencias de estos accidentes? Relaciona los dibujos y explica las consecuencias. Utiliza los conectores.

> por eso • así que • en consecuencia • de ahí que

· Cuando Jorge estaba preparando la cena, la olla de presión estalló,

1 + B

– **por eso** se volcó en el piso.

– **así que** ahora está limpiando la cocina.

2.3. 👥 💬 Miren las siguientes imágenes e inventen una historia. Tienen que hacer referencia a los hechos, las causas, las personas implicadas...

2.3.1. 👥 💬 Tras discutir sobre lo que pudo suceder, ahora imaginen que participan en la celebración del juicio sobre el caso anterior. Cada uno de ustedes va a representar a uno de los personajes. ¿Por qué no intentan resolver este caso? El profesor les dará la información.

La partícula *luego* + **indicativo** expresa la consecuencia lógica. Su uso, además de culto, es frecuente en el lenguaje filosófico y detectivesco.

Ejemplo: *Nuestra testigo dice que escuchó el ruido de la lavadora en la madrugada, luego alguna prueba podría estar ocultando el licenciado Ramírez.*

3 No hay mal **que por bien** no **venga**

3.1. 👤 🎧 ¿Te acuerdas de Armando? No ha podido ir a trabajar [34] a causa del accidente con la bicicleta y está reponiéndose en su casa. Esta tarde fueron a visitarlo varias personas. Escucha la conversación que mantuvieron y toma nota de las personas que hablan. ¿Quiénes son? ¿Amigos? ¿Familiares? ¿Compañeros de trabajo?

1.
2.
3.
4.
5.

3.1.1. 👤 🔊 **Cuando visitamos a un enfermo, es muy frecuente llevarle algún regalo.**
[34] **Vuelve a escuchar la grabación e indica qué regalos recibió Armando esta tarde.**

1. _____

2. _____

3. _____

4. _____

5. _____

3.1.2. 👥 📝 **En la grabación que acabas de escuchar hay muchas frases que expresan finalidad. Si te fijas en ellas, podrás completar el siguiente cuadro.**

> ## Expresar finalidad
>
> - Para + ...
>
> - Para que + ...
>
> - (Con verbos de .... como *ir, venir, volver, entrar, salir, subir* o *bajar*) **a que** + ...

3.2. 👤 📖 **¿Conoces muchos remedios caseros? Responde a las siguientes preguntas y lo comprobarás. Primero, tendrás que completar los verbos entre paréntesis utilizando la forma adecuada.**

1. **Para** *(evitar)* .... **el acné lo más importante es:**
   - ☐ a. evitar comer verduras
   - ☐ b. hacer ejercicio
   - ☐ c. lavarse la cara con un producto específico

2. **¿Qué utilizamos para que los bebés no** *(tener)* .... **la piel irritada?**
   - ☐ a. talco
   - ☐ b. un analgésico
   - ☐ c. el termómetro

3. **¿Qué puedes hacer para que el cutis** *(estar)* .... **más hidratado y terso?**
   - ☐ a. aplicarte rodajas de pepino
   - ☐ b. comer panuchos
   - ☐ c. aplicarte rodajas de limón

4. **¿Cuál de estos remedios sirve para** *(aliviar)* .... **el dolor de estómago?**
   - ☐ a. jugo de naranja
   - ☐ b. agua de guayaba
   - ☐ c. el pulque

5. **Si consumimos algún alimento en malas condiciones, para** *(provocar)* .... **el vómito podemos tomar:**
   - ☐ a. agua
   - ☐ b. café con sal
   - ☐ c. té con limón

6. **Para que el cabello** *(quedar)* .... **brillante debemos:**
   - ☐ a. lavarlo poco
   - ☐ b. lavarlo con champán
   - ☐ c. enjuagarlo con agua fría

7. **¿Qué podemos hacer para no** *(toser)* .... **por la noche?**
   - ☐ a. cortar una cebolla por la mitad y colocar las dos partes a los lados de la cama
   - ☐ b. comer nueces
   - ☐ c. respirar por la boca

8. **Para que un niño** *(dormir)* .... **bien debemos:**
   - ☐ a. darle pescado para cenar
   - ☐ b. acostarlo todos los días a la misma hora
   - ☐ c. ponerle música en la recámara

9. **¿Cuál de estos alimentos sirve para** *(acelerar)* .... **el bronceado?**
   - ☐ a. la alcachofa
   - ☐ b. la col
   - ☐ c. la zanahoria

10. **¿Qué podemos hacer para** *(evitar)* .... **el estrés?**
    - ☐ a. practicar algún deporte
    - ☐ b. dormir poco
    - ☐ c. comer deprisa

3.3. Imaginen que se encuentran en las siguientes situaciones. Decidan qué personaje quieren representar y preparen un diálogo dramatizando la situación.

Ejemplo: *Póngase esta mascarilla **para que** su piel <u>quede</u> completamente limpia.*

alumno a   ## alumno b

Situación 1

Eres el vendedor a domicilio de los productos de belleza *Luxbella*. Para conseguir ventas debes explicar a tus clientes para qué sirven y cómo usar los siguientes productos de belleza: una crema hidratante, un maquillaje, una sombra, un rímel, una crema para las piernas, un tónico facial con su correspondiente leche limpiadora, una crema para el contorno de ojos, un <u>lápiz labial</u>...

España: *pintalabios*

A tu casa llega el vendedor de los productos de belleza *Luxbella*. Pregúntale para qué sirven y cómo debes usar esos productos de belleza. Si tú tienes algún problema de belleza específico, pídele consejos y remedios cosméticos.

Situación 2

Estás atrapado en una cueva. Tu compañero te va a ayudar a salir. Por eso, pídele desde tu celular que te baje por una cuerda todo lo que necesites para sobrevivir y poder salir de allí.

Eres amigo del alumno A. Los dos estaban en una cueva, pero tu amigo se quedó atrapado dentro de un pozo muy estrecho. Tú tienes, además, en una mochila herramientas, ropa y alimentos. Tienes que ayudarle a salir; por eso, ve enviándole por una cuerda todo lo que necesite y/o te pida para sobrevivir y poder salir.

Situación 3

Estás en la tienda de disfraces y accesorios *El rey de las fiestas*. Esta noche vas a ir a una fiesta de Carnaval. Pídele consejo al encargado y pregúntale para qué sirven algunas de las telas, máscaras, disfraces y pinturas que se venden.

Eres un encargado que trabaja en la tienda de disfraces y accesorios *El rey de las fiestas*. Aconseja a tu cliente el disfraz que mejor puede sentarle y explícale cómo debe usar y para qué sirven algunas de las telas, máscaras, disfraces y pinturas que se venden.

(4) **Toma** cartas en el asunto

4.1. Completa la carta de la página siguiente con alguno de los conectores del recuadro.

> En cuanto a • además • por eso • A pesar de que • por un lado
> a que • Sin embargo • Por todo ello • para que • debido a • por último
> puesto que • porque • Como • por otro • En otras palabras

Centro de estética *La impecable*
Calle Horacio, 277
Colonia Polanco
C.P. 11550, Distrito Federal

Jimena Cardona
Calz. de Tlalpán , 764
Col. Sección XVI
C.P. 14080, Distrito Federal

México, 7 de marzo de 2009

Estimados señores:

El motivo de esta carta es expresarle por escrito la reclamación que ya he hecho constar personalmente en su centro, reclamación que, ...(1), tengo la intención de remitir a la oficina del consumidor.

El pasado día 20 de febrero acudí a su clínica ....(2) me realizaran una simple depilación, y digo simple ....(3) supongo que se trata de una labor que realizan ustedes prácticamente a diario. Mi primera sorpresa fue el trato que recibí de la señorita que me atendió en recepción. Más que atendiéndome como clienta, parecía que estaba haciéndome un favor. Cuando entré estaba leyendo una revista y, lógicamente, le supuso un gran esfuerzo abandonar la lectura para atender mis "estúpidas" necesidades. ....(4), no cumplió con su trabajo como debía. ....(5) ya estoy acostumbrada a que a veces el cliente no tiene la razón y ....(6) decidí no darle demasiada importancia al incidente.

........................(7) la depilación propiamente dicha, creo que como mujer que lleva treinta años depilándose estoy en condiciones de decirles que jamás en la vida había visto un trabajo tan mal hecho. ....(8) el jueves 21 de febrero tenía previsto un viaje a la playa, en cuanto llegué a mi casa y me vi las piernas tuve que buscar rápidamente la ayuda de otro centro ....(9) terminaran el trabajo que ustedes habían dejado a medio hacer. ....(10) se trataba de un centro con un prestigio mucho menor que el suyo, o tal vez ....(11) ello, me trataron como la señora que soy y realizaron su trabajo a la perfección. De ustedes no puedo hacer ni un solo comentario positivo; ....(12), el estado del centro es deplorable, ...(13), el servicio que me prestaron no fue en absoluto satisfactorio y, ...(14), sus empleados me trataron mal (tal vez porque el sueldo que reciben guarda relación con el uniforme que llevan y no con la publicidad que ustedes hacen).

........................(15), creo que jamás en la vida volveré a visitarlos ....(16) sus servicios no reúnen las condiciones mínimas que pueden exigirse a un centro de estas características. Si no quieren terminar en la cárcel, deben empezar por invertir los beneficios que obtienen en mejorar la calidad del mobiliario, del personal y del material indispensable. Los clientes no nos callaremos hasta que su centro ofrezca lo que prometen en sus anuncios.

Atentamente,

Fdo. Jimena Cardona

4.1.1. 👫 📝 **Ahora, imagina que trabajas en el departamento de atención al cliente del centro de estética *La impecable*. Con tu compañero, escribe la carta con la que responderían a esta señora. ¿Van a intentar calmarla con una sesión gratuita? ¿Solo se disculparán?... La decisión está en sus manos.**

4.2. 👫 💬 En la unidad anterior hemos visto algunas expresiones para saludar, para iniciar una carta y para despedirnos, de una manera informal. Si leen con atención las siguientes listas, observarán que aparecen mezcladas expresiones informales (I) y formales (F). Clasificadlas.

Saludo

- [I] ¿Cómo estás?
- [ ] Estimado señor,
- [ ] Apreciable ....,
- [ ] ¡Hola!
- [ ] Querida ....,
- [ ] Distinguido señor,
- [ ] ¿Qué tal?
- [ ] Estimado amigo,

Inicio del cuerpo

- [ ] En relación con...
- [ ] Te escribo porque...
- [ ] Me acordé de ti y...
- [ ] Por la presente me dirijo a...
- [ ] Me complace ponerme en contacto con...
- [ ] Les escribo para comunicarles...
- [ ] El motivo de esta carta es...
- [ ] Siento mucho no haberte escrito antes, pero...

Despedida

- [ ] Con cariño,
- [ ] Saludos a ....,
- [ ] Atentamente,
- [ ] Un atento saludo,
- [ ] Reciban un cordial saludo,
- [ ] Besos,
- [ ] En espera de sus noticias, reciba un cordial saludo,
- [ ] Dándole las gracias de antemano, y en espera de su respuesta, le saluda atentamente,
- [ ] Un beso,
- [ ] Atentamente le saluda,
- [ ] Se despide atentamente,
- [ ] Expresándole mi agradecimiento por anticipado, le saluda atentamente,
- [ ] Sin otro particular, se despide atentamente,
- [ ] Un abrazo,
- [ ] Sin más por el momento, se despide atentamente,
- [ ] Con todo mi amor,

5 Lo hago **por** y **para** ti

5.1. 👫 💬 Lee estas frases:

> **1.** El paciente está obeso **por** comer demasiadas grasas.
>
> **2.** El paciente come poco **para** estar delgado.

¿Qué oración expresa finalidad? ¿Y causa?

5.1.1. Lee las siguientes frases con atención. Relaciona cada una con su uso correspondiente y complétalas.

<table>
<tr><td colspan="2" align="center">**POR**</td><td align="center">**PARA**</td></tr>
<tr><td>Causa y motivo</td><td>Cambio</td><td>Finalidad o destino</td></tr>
<tr><td>Período de tiempo apróximado</td><td>Medio</td><td>Dirección</td></tr>
<tr><td>Lugar aproximado</td><td>Precio</td><td>Término de tiempo</td></tr>
</table>

1. A ese neurólogo le concedieron una plaza fija de médico de base ⬚ realizar excelentemente su trabajo.

2. Creo que fue más o menos ⬚ marzo cuando me hice la última revisión.

3. El Centro Médico está ⬚ estas calles.

4. Compraron un nuevo microscopio ⬚ 30 000 pesos.

5. El tratamiento tiene que estar terminado ⬚ la semana que viene.

6. No te preocupes. Si mañana no puedes trabajar en el turno de noche, iré yo ⬚ ti.

7. Fui a la farmacia a comprar supositorios ⬚ mi hermana.

8. En cuanto vimos el accidente, llamamos ⬚ teléfono al 060.

9. La ambulancia va ⬚ el hospital.

10. Como alimentos sin grasas ⬚ no tener colesterol.

5.2. Aquí tienes una foto de un balneario.

- ¿Qué es un balneario?
- ¿Para qué sirve?
- ¿Por qué los médicos lo aconsejan?

5.2.1. Te proponemos que, a través de la información que te dará tu profesor, hagas un listado de razones y finalidades para pasar unos días en un balneario de aguas termales.

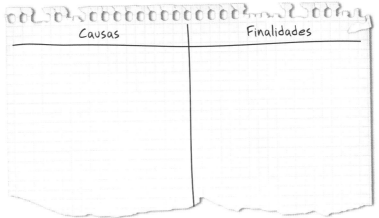

Causas	Finalidades

6 Implícate

6.1. 📱 🌐 Escucha este fragmento del programa de radio *"Belleza y Salud"* con **Alfredo**
[35] **Palazos. Tres especialistas hablan de sus servicios para mejorar el aspecto exterior de la gente. Responde a las preguntas.**

1. Describe los tipos de servicio de los centros donde trabajan Raquel, Roberto y Cuquita.

2. ¿De qué está orgullosa Raquel?

3. ¿Por qué dice Roberto que no es bueno que sus clientes vuelvan a la clínica?

4. ¿Qué clientes le gustan más a Cuquita?

5. Alfredo les explica a sus invitados que tienen que dejar de hablar para dar paso a la siguiente sección del programa. ¿De qué sección se trata?

6.1.1. 💬 🌐 Escucha y lee cuál es la propuesta para el debate y participa. Cada uno va a
[36] **defender la opinión de uno de los personajes propuestos. Tu profesor te dará la información.**

Aunque para Saint-Exupéry lo esencial es invisible a los ojos, las operaciones de cirugía estética van en aumento, y no en actrices y actores que se estiran habitualmente la piel, sino también en chicas de 16 a 18 años. Además, los errores de los cirujanos, que en algunos casos provocan incluso la muerte del paciente, nos empujan a algunas reflexiones.

1. *¿Qué sentido tiene correr tras la "eterna juventud"?*

2. *Clínicas "clandestinas" de estética. ¿Quiénes crees que son más culpables: los médicos especialistas que imparten los cursos o las empresas que venden los equipos necesarios a estos charlatanes?*

3. *El culto al cuerpo ha llegado a un nivel de exageración muy alto: para algunos, lo único importante es estar en forma. ¿Es preciso conseguir un "buen cuerpo"?*

4. *La liposucción ¿es la única forma de corregir los cúmulos grasos rebeldes a los regímenes dietéticos?*

5. *¿Hay que solicitar la cédula profesional al médico antes de requerir una cirugía estética?*

Autoevaluación

1. **En esta unidad hablamos de la salud, de accidentes, de cirugía estética, del culto al cuerpo... Escribe las palabras relacionadas con estos temas que hayas aprendido:**

....

....

2. **Trata de recordar algunos de los conectores que viste en la unidad.**

3. **También aprendiste algunos usos nuevos del subjuntivo. ¿Puedes explicar alguno?**

....

....

....

4. **En la unidad anterior aprendiste algunas fórmulas fijas para los textos informales, y en esta viste las expresiones que se utilizan en las cartas formales. ¿Las recuerdas?**

LA MEDICINA TRADICIONAL INDÍGENA

1. ¿Qué diferencias crees que existen entre la medicina tradicional y la moderna?

2. Lee el siguiente texto que habla de la medicina tradicional indígena y une cada párrafo con la imagen que le corresponde.

Medicina tradicional indígena

A La medicina tradicional indígena es el conjunto de creencias, prácticas y recursos para prevenir, curar o mantener la salud individual y colectiva. Tiene su origen en las culturas prehispánicas, aunque con el tiempo ha ido tomando diferentes influencias (española, africana, moderna…).

B Esta medicina se basa en una visión del universo como una totalidad interconectada. El ser humano es cuerpo y mente en equilibrio consigo mismo y con el universo, al que está conectado. La enfermedad se produce por la ruptura de ese equilibrio y puede ser debida a factores sociales, individuales, espirituales, alimenticios, movimientos bruscos…

C Quienes tratan estas enfermedades son los curanderos, hierberos, parteras, hueseros, sobadores, rezanderos, viboreros, etc., que basan sus prácticas en esta cosmovisión del sistema indígena tradicional y son respetados por la comunidad.

D Los curanderos hacen el diagnóstico del paciente a través de diversos métodos: un diálogo con el paciente y la observación detallada de él y de su entorno, la interpretación de los sueños, limpias, masajes, el pulso o diálogo con la sangre, etc. En ocasiones, un procedimiento puede ser para diagnosticar y curar al mismo tiempo (las limpias o los masajes, por ejemplo). También existen muchos procedimientos preventivos que se encargan de evitar, controlar y eliminar los mecanismos que rompen este equilibrio.

E Los recursos terapéuticos que se aplican son variados: plantas medicinales, animales medicinales, amuletos, minerales, hidroterapia, lugares sagrados, mandas (penitencias o sacrificios para aliviar los problemas), rezos, promesas, ofrendas (a santos o entes sagrados)...

1

2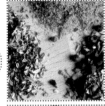

3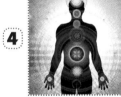

4

5

3. Relaciona las palabras de cada columna según la información del texto.

diagnóstico ●	● huesero
salud ●	● plantas
médico ●	● equilibrio
origen ●	● varias
medicina ●	● cosmovisión
principio ●	● desequilibrio
enfermedad ●	● prehispánico
influencia ●	● limpias

4. 👤 📖 Antes de escuchar, marca como verdaderas o falsas las siguientes afirmaciones sobre la medicina tradicional indígena.

	Antes de escuchar		Después de escuchar	
	V	F	V	F
Actualmente está reconocida en la Constitución Política de los Estados Unidos Mexicanos (artículo 2) como derecho cultural de los pueblos indígenas.				
El espanto es una enfermedad provocada por un susto o sorpresa grande.				
El diagnóstico por adivinación con granos de maíz tiene su origen en una tradición mesoamericana que pensaba que el maíz es el material con el que el hombre fue creado.				
Entre los sueños iniciativos, si una persona sueña con la savia del árbol es que va a ser <u>partera</u>.				
Por la adivinación de los sueños también se puede conocer el paradero de las personas extraviadas.				
Dependiendo de la enfermedad se utiliza un tipo de diagnóstico u otro.				

:··:
: **España:** *matrona* :
:··:

4.1. 👤 🔊 [37] Escucha a Gerardo Santillana, un antropólogo experto en este tema y confirma si tus respuestas son correctas.

5. 👤 📖 Lee las siguientes opiniones sobre la medicina tradicional y la medicina moderna.

Yo creo que esta medicina tradicional funciona, de veras. Somos cuerpo y mente y la medicina moderna no toma esto en cuenta. Tal vez sería necesaria una fusión entre la medicina moderna y la tradicional. ¿Cómo es que esta medicina existe de tantos años?

Pues ahorita yo creo que las cosas cambiaron mucho. Como que se me hace difícil creer que sin los análisis de sangre, radiografías, etc., puedan hacer un diagnóstico bueno, ¿me explico? Es cierto que el estado de ánimo influye en el estado físico, pero nada más.

5.1. 👥 💬 Habla con tu compañero. ¿Con cuál de estas opiniones se sienten más identificados? ¿Por qué? Justifiquen su opinión.

6. 👥 💬 Discutan cuál creen que puede ser el destino de la medicina tradicional indígena:

Actualmente existe una tradición de esta medicina en muchos lugares y un respeto muy profundo por ella. Aun así, esta medicina tradicional y sus curanderos se encuentran apartados del sistema de sanidad oficial. Muchos de los profesionales forman parte de diversas organizaciones, pero sienten una gran preocupación por el futuro de esta medicina.

12

Unidad

Contenidos funcionales
- Expresar deseo
- Expresar extrañeza
- Expresar gratitud. Reaccionar ante el agradecimiento
- Ofrecer ayuda, un servicio o una idea
- Felicitar
- Pedir disculpas
- Rechazar una invitación o un ofrecimiento

Contenidos gramaticales
- Antepresente de subjuntivo: morfología y uso
- ¿*Querer* + *que* + subjuntivo?
- ¡*Qué raro/me extraña/te agradezco* + *que* + presente/antepresente de subjuntivo!
- *Gracias por* + infinitivo simple/compuesto

Contenidos léxicos
- Las compras

Contenidos culturales
- Comercio justo
- El trompo
- Formas y fórmulas de cortesía
- Los Reyes Magos

Nos conocemos
- La economía latinoamericana

1 Bueno, bonito y barato

1.1. En muchos países latinos se dice que la mejor compra es la que tiene las tres "bes". ¿Cómo explicas esta expresión? ¿Existe alguna parecida en tu lengua? María entra en una tienda en busca de algo con las tres "bes", pero... ¿qué le ocurre?

1.2. Con tu compañero, relaciona las frases con las palabras de los cuadros. ¡Ojo, hay varias posibilidades y además hay dos palabras que no se relacionan con ninguna frase! ¡Encuéntralas!

Lléveselo ahora y no pague nada hasta dentro de tres meses

LLEVE TRES Y PAGUE DOS

FIN DE TEMPORADA
TODO A 99 PESOS

30% en todos los artículos

No se admiten **tarjetas**

SI LO PAGA DE UNA VEZ le regalamos un fin de semana en LOS CABOS

En el mes de julio comienzan **los PRECIOS INCREÍBLES** en Comerxicana

Aprovecha para tener el coche de tus sueños, mensualidades accesibles, placas, tenencia y verificación gratis.

FORMAS DE PAGO
- A crédito
- Con tarjeta
- Con cheque
- En efectivo
- A plazos
- Al contado

RELACIONADO CON LOS PRECIOS
- Rebajas
- Liquidación
- Descuento
- Oferta

2.1. **Escucha este diálogo y después marca la opción correcta. ¿Quiénes son las personas que hablan?**
[38]

> ■ **a.** Son dos amigas que están en una <u>tienda departamental</u> platicando de sus cosas y mirando productos de cosméticos.
>
> ■ **b.** Son dos compañeras de trabajo; parece que una es la jefa de la otra y están hablando de trabajo; yo diría que trabajan en una tienda departamental.
>
> ■ **c.** Son una dependienta y una clienta que están hablando sobre perfumes, cosméticos y ese tipo de cosas en una tienda departamental.

¿Qué te hizo seleccionar una opción y no las otras?

> **España:** *Grandes almacenes*
>
> **Argentina:** *Grandes almacenes*

2.2. **Leticia y Mercedes trabajan en la tienda departamental "Castillo de Hierro", en la planta baja, que es la planta más variada en cuanto a departamentos. Mercedes coordina toda la planta, es decir, es la responsable de supervisar las secciones de perfumería y cosméticos, papelería, accesorios y artículos de piel, etc. Leticia es la encargada de la sección de perfumería y de cosméticos. Con tu compañero, señala en el texto todos los verbos que están en subjuntivo.**

> ► Oye, Lety, una pregunta, ¿ya llamaste al distribuidor de Chonnel?
>
> ► Sí, esta mañana, le pedí la crema corporal y el gel de baño. ¿Por qué? ¿Quieres que lo vuelva a llamar?
>
> ► Luego, es que quiero que nos manden más muestras de su nuevo perfume que está siendo todo un éxito de ventas. ¡Ah!, ¡y la crema para rasurar!
>
> ► Esa ya se la pedí.
>
> ► ¡Ah!, superbién, pues gracias y qué buena onda por hacerlo, porque se me había pasado por completo.
>
> ► ¡Oye!, ¡qué raro que no haya venido todavía el representante de L'Aureal cabello! Lo esperábamos hoy, ¿no?
>
> ► Pues sí, la verdad es que sí. Me parece raro que no haya llamado para decir que no viene o que está retrasado, porque es un señor muy serio y profesional. En cambio, el que nos da los cosméticos de L'Aureal es un alzado; esta mañana quería hablar contigo y le dije que no estabas. Es que es pesadísimo y le encanta el cotorreo por teléfono.
>
> ► No sabes cuánto te agradezco que lo menciones porque, aparte de que no me gusta nada ese tipo, odio estar colgada al teléfono dos horas para oír babosadas, de verdad.
>
> ► No hay problema. ¿Quieres que te enseñe lo nuevo en pintura para el cabello? Hay unas tonalidades muy originales.
>
> ► Sí, vamos, ¡a ver...! ¡Qué onda! ¡Todavía no le han puesto los precios a estos productos!
>
> ► ¡Qué raro! Si ayer vi a Celeste que se los estaba poniendo. ¿Quieres que lo hagamos ahorita?
>
> ► Sí, por favor, porque quiero que esté todo listo para el sábado.

2.2.1. 👥📝 Ahora, relaciona las frases que llevan subjuntivo con lo que quieren comunicar Mercedes y Leticia.

comunican extrañeza	comunican agradecimiento	ofrecen ayuda, una idea, un servicio	comunican deseo

2.2.2. 👥💬 Reflexionen y expliquen con sus palabras por qué aparece en el diálogo el antepresente de subjuntivo.

◆ Antepresente de subjuntivo
(Pretérito perfecto compuesto)

	Presente de subjuntivo de haber	Participio pasado
Yo	haya	
Tú	hayas	
Él/ella/usted	haya	+ -ado
Nosotros/as	hayamos	-ido
Ellos/ellas/ustedes	hayan	

España: Vosotros/as hayáis + ido/ado

Argentina: Vos hayas + ido/ado

ⓘ

- **Para expresar extrañeza puedes usar las siguientes estructuras:**

Qué raro/extraño
Me parece raro/extraño } + que + subjuntivo
Me extraña

▶ *¡Me parece rarísimo que no haya llamado!*
▶ *¡Qué raro que no venga mañana a la fiesta*

Este tiempo expresa una acción que ocurrió en el pasado o una acción que empezó en el pasado y continúa en el presente. Cuando el verbo principal pide subjuntivo utilizaremos el antepresente de subjuntivo.

▶ *¿Ya llamaste al director?*
▷ *Sí, lo hice esta mañana.*
▶ *Ah, pues te agradezco que lo hayas llamado. Gracias de verdad.*

Correlación de tiempos con el antepresente de subjuntivo:

- **Presente de indicativo + antepresente de subjuntivo**
  Me da tristeza que no te haya llamado.
- **Antepresente de indicativo + antepresente de subjuntivo**
  He sentido mucho que no hayas obtenido la beca.
- **Futuro de indicativo + antepresente de subjuntivo**
  Nunca te perdonaré que no me hayas llevado.
- **Antefuturo de indicativo + antepresente de subjuntivo**
  ¿Les habrá extrañado que no hayamos llamado?

2.3. 👤📝 Reacciona expresando extrañeza.

Ejemplo: *Eva llegó tarde hoy a clase.* ➔ *Me extraña que **haya llegado** tarde, siempre es muy puntual.*

1. Mi mamá todavía no me ha llamado.
2. Siempre dejo las llaves encima de la tele y no están, ¿las viste?
3. Me acaba de llamar Pepe ahorita y me ha dicho que viene a vernos.
4. ¿Sabes? Tere y Gonzalo se fueron de vacaciones al desierto del Sahara.
5. Fui a ver a tu hermana, ¿sabes que le regalaron un gato?
6. Me apunté a un gimnasio y voy a ir todos los días.
7. Quedé con Carmen de ir de compras mañana todo el día.
8. Llevo llamando a mi novio todo el día y siempre suena ocupado.

3.1. ¿Qué crees que quiere decir "comercio justo"? ¿A qué tipo de comercio se refiere? ¿De qué se ocupa la organización *Comercio Justo México A.C.*? ¿Conoces otras semejantes?

3.2. Lee el siguiente texto:

Una oportunidad de empleo comercializando productos de comercio justo

Un modelo económico que fomenta una vinculación directa entre pequeños productores y consumidores y contribuye a la construcción de un modelo de desarrollo sostenible y solidario.

El comercio justo es un comercio diferente al mercado convencional, que se basa en la justicia social, calidad de producto y el cuidado de la naturaleza. En el comercio justo, los productores obtienen un ingreso digno y estable para su desarrollo económico. Por otro lado, los consumidores reciben un producto de calidad certificada, elaborado con respeto a la salud y cuidado a la naturaleza.

Las principales características del comercio justo son:

• Los productos provienen de pequeños productores organizados.

• Los precios cubren los costos de una producción sustentable.

• Se establecen compromisos de largo plazo entre los productores y las empresas del mercado.

• El mercado debe pagar oportunamente a los productores para que no sean obligados a malvender a los intermediarios.

• Con el sello de "Comercio Justo", al consumidor se le garantiza la calidad, el origen y la sustentabilidad de los productos.

Su origen se remonta a finales de la Segunda Guerra Mundial, donde clientes solidarios empezaron a comprar productos artesanales, miel y otros productos de los países más desfavorecidos. Fue un importante inicio de un mercado solidario. Actualmente son más de 21 países donde se lleva a cabo la venta de estos productos, entre ellos México.

En septiembre de 1999 se constituyó en México el «Comercio Justo México, A.C.», donde un grupo de organizaciones y redes de pequeños productores y de organismos se reunieron para la construcción de un sello mexicano de «comercio justo». Esta iniciativa tiene el principal objetivo de lograr una alta participación en el mercado interno de México de los productos de los pequeños productores de México. La función principal que adopta esta asociación es la promoción, por un lado de los productos hacia los consumidores, haciendo campañas educativas de concientización y de publicidad. Por otro lado, apoya a los grupos de pequeños productores en la búsqueda de soluciones a su amplia problemática comercial y empresarial.

"Nosotros no queremos dinero regalado, no somos mendigos. Si ustedes pagaran un precio justo por nuestro café, podríamos vivir sin más apoyo". Isaías Martínez, pequeño productor cafetalero y socio de la Unión de Comunidades Indígenas de la Región del Istmo, en Oaxaca, México.

Adaptado de www.comerciojusto.com.mx

3.2.1. Busca en el texto en qué párrafo se tratan estas ideas:

a. Ganan tanto productores como consumidores.

b. El sello garantiza la calidad de los productos y ayuda a un comercio sostenible.

c. El Comercio Justo cuenta con más de 50 años de existencia.

d. México cuenta con su propia iniciativa.

e. Los productores opinan que es una forma de vivir sin apoyo.

3.2.2. Resume el texto en un máximo de cinco líneas y danos tu opinión sobre lo que en él se dice.

3.2.3. Habla con tu compañero: ¿crees que es una buena forma de ayuda a los países poco desarrollados económicamente? ¿Cuáles son las ventajas de este comercio? ¿Existe en tu país? ¿Compraste en estas tiendas? ¿Qué productos venden?

4 Mil gracias y muchas, muchas felicidades

4.1. Muchas veces tenemos que escribir cartas breves para felicitar a alguien o para agradecer algo. Si, por ejemplo, tenemos que responder a una invitación de boda tendremos que mezclar la felicitación con el agradecimiento.

En este caso, te presentamos la carta que escribió Mercedes a Leticia felicitándola por su cumpleaños y al mismo tiempo agradeciéndole la invitación y pidiéndole disculpas por no ir.

Bogotá, 22 de febrero de 2009

Querida Leticia:

Antes de nada quiero felicitarte por tu cumpleaños: ¡que cumplas muchos años más!

Quiero darte las gracias por invitarme a tu fiesta del sábado, pero siento muchísimo no poder ir porque ya tenía otro compromiso previo para ese día. Espero que te la pases muy bien. Ya sé que van a ir todos los de la empresa, ¡qué pena que yo no pueda ir!

Un fuerte abrazo,   Mercedes

ⓘ Carta de felicitación

Ciudad, fecha

{ Estimado/a + **nombre:**

Hola/Querido/a + **nombre:** ¿Qué tal?

- Fórmula de felicitación.
- Fórmulas de buenos deseos para la persona.
- Despedida.

Carta de agradecimiento

Ciudad, fecha

{ Estimado/a + **nombre:**

Hola/Querido/a + **nombre:** ¿Qué tal?

- Fórmula de agradecimiento.
- Motivo del agradecimiento.
- Volver a agradecer.
- Despedida.

• Si te invitan, puedes **aceptar o rechazar la invitación**. Si la rechazas, **pide disculpas y excúsate.**

4.2. 👤📝 **Aquí tienes mezcladas expresiones que puedes utilizar en estas cartas, clasifícalas:**

Gracias por todo	¿Me disculpas?	Un fuerte abrazo
Felicidades	Me encantaría, pero...	¡Que tengas suerte!
Lo siento	Que seas muy feliz	¡Feliz cumpleaños!
¡Hola!, ¿cómo estás?	Muchísimas gracias por...	Me alegro de que...
Muchas felicidades por...	Querido/a...:	Me gustaría, pero...
Quiero darte las gracias por...	Enhorabuena	Te agradezco que...
Hasta pronto	Siento no poder...	Siento mucho que...

Agradecer	Pedir disculpas	Felicitar	Rechazar una invitación	Saludar y despedirse	Expresar deseos

4.3. 👥💬 **Aquí tienes una serie de situaciones. Decide qué tipo de carta tienes que escribir (de felicitación, de agradecimiento, de felicitación con disculpas...).**

1. Es el cumpleaños de tu mejor amigo, estás invitado, pero no puedes ir.

2. Responder a una invitación a la inauguración de la exposición de pintura de una amiga. Estás de viaje ese día.

3. Tu hermano pasó por fin el examen de manejo, ahora tiene que hacer el práctico.

4. Tienes que responder a la invitación de boda de tu mejor amiga; por supuesto, vas a ir. Además, te dijo que tú serás una de sus damas de honor.

4.4. 👥💬 **Esperanza Esperada siempre está deseando buenas cosas a todo el mundo. Señala cuáles de estos deseos puedes utilizar en las situaciones de la actividad 4.3.**

¡QUE LA PASES BIEN!

¡QUE TODO TE SALGA FENOMENAL!

¡QUE TENGAS MUCHA SUERTE!

¡QUE TENGAS MUCHO ÉXITO!

¡QUE CUMPLAS MUCHOS AÑOS MÁS!

¡QUE SEAS MUY FELIZ!

¡QUE TENGAS UN BUEN VIAJE!

4.5. 👤📝 **Ahora, elige una situación de 4.3. y escribe una carta.**

5 Compras y más compras

5.1. Aquí tienes tres tipos de compradores. Describe con tu compañero tres hábitos de cada uno. Para ayudarse, piensen en la relación amor-odio que tienen con:

> las tarjetas de crédito • las rebajas • las tiendas • el ahorro

EL COMPULSIVO

EL TACAÑO

EL CONTROLADO

5.2. [39] Hugo, Miroslava y Silvia son amigos de toda la vida y se encuentran en "Castillo de Hierro" comprando en las rebajas. Escucha la conversación de estos tres amigos y adivina quién es el comprador compulsivo, quién el <u>tacaño</u> y quién el controlado.

Controlado: ....
Compulsivo: ....
Tacaño: ....

> **Argentina:** *tacaño, amarrete*

5.2.1. En la conversación de estos tres amigos hay siete expresiones relacionadas con el dinero. Búscalas con tu compañero.

Hugo: Yo ya no puedo más, estoy agotado, llevamos tres horas en el departamento de zapatos y Miroslava todavía no ha encontrado unos que le gusten; me saca de mis casillas, de verdad. Todos le parecen carísimos, es una coda. ¿Quieres que la esperemos en la cafetería?

Silvia: Espera a ver... Miros, por una vez, ¿por qué no dejas de contar el dinero? Además, si están regalados, todos a 200 pesos, ¡baratísimos!, ¿quieres que te escoja yo unos?

Miroslava: Tú, Silvia..., siempre, tirando la casa por la ventana..., te gusta algo y ¡zas!, te lo compras, ¿que cuesta un ojo de la cara?, ¡qué importa! No pasa nada, total... no pagas tú, paga el banco.

Silvia: ¡Oye, mi reina! ¿Oíste, Hugo? No te pases, ¿eh?... Lo único que quiero es que te compres los zapatos de una vez y nos vayamos a tomar algo.

Miroslava: (*En broma*) Sí, sí, tú lo que quieres es que yo te regale unos, ¿a poco no, Hugo?

Hugo: Pues... yo, porque ando pobre, ¡qué pena! Porque vi unos zapatos que me gustan muchísimo. Pero este mes me tengo que apretar el cinturón porque el mes pasado me pasé con la tarjeta de crédito y tengo que pagar el seguro del carro.

Silvia: ¿Quieres que te preste dinero, Hugo?

Hugo: No, hombre, no. Te lo agradezco, de verdad, gracias.

5.2.2. 👥 🔍 **Ahora relacionen esta información con las expresiones del ejercicio anterior.**

1. Se usa para decir que no tienes dinero. ....

2. Se usa para describir a una persona tacaña, avara. ....

3. Se usa para decir que, circunstancialmente, no es posible gastar mucho dinero, que hay que controlar los gastos. ....

4. Se usa para hablar de alguien que compra en función del precio, buscando siempre lo más barato. ....

5. Se usa para decir que algo es muy barato. ....

6. Se usa para decir que algo es muy caro. ....

7. Se usa para hablar de alguien que hace grandes gastos y que vive por encima de sus posibilidades. ....

5.3. 🧍 🔍 **¿Qué tipo de comprador crees que eres? Relaciona estas palabras con cada tipo de comprador: compulsivo, tacaño o controlado.**

☐ selectivo	☐ desastroso	☐ metódico	☐ indeciso	☐ quisquilloso
☐ experto	☐ desorganizado	☐ exagerado	☐ de ideas fijas	☐ moderado
☐ derrochador	☐ organizado	☐ caprichoso	☐ adicto	☐ pesado

5.3.1. 👥 💬 **Van a hacer este test para saber "científicamente" qué tipo de compradores son.**

Responde a estas diez preguntas:

1. ¿Las desilusiones o frustraciones te llevan urgentemente a comprar?

☐ Sí   ☐ No

2. ¿Gastas a menudo en compras hasta el último centavo del que dispones?

☐ Sí   ☐ No

3. ¿Inviertes casi siempre en las compras más dinero que el que tenías planeado?

☐ Sí   ☐ No

4. ¿Provocan tus compras conflictos con tus amigos o familia?

☐ Sí   ☐ No

5. ¿Acudes a las grandes tiendas departamentales para escapar de algo que te preocupa?

☐ Sí   ☐ No

6. ¿Pides dinero para satisfacer tus ansias de compra?

☐ Sí   ☐ No

7. ¿El tiempo que dedicas a ir de compras disminuye tu rendimiento profesional?

☐ Sí   ☐ No

8. ¿Te resulta difícil aplazar la satisfacción inmediata de adquirir algo que llame tu atención?

☐ Sí   ☐ No

9. Después de la decepción de haber comprado cosas que no necesitabas, ¿sientes que debes volver a comprar algo que realmente necesitas?

☐ Sí   ☐ No

10. ¿Te resulta fácil elegir unas zapatillas o unos zapatos?

☐ Sí   ☐ No

Resultados:

○ **Si contestaste a 4 o más con Sí,** eres un comprador compulsivo. Deberías moderar tus compras.

○ **Si contestaste entre 1 y 4 con Sí,** eres un comprador controlado. Te felicitamos, no te dejas influir por la sociedad de consumo.

○ **Si ninguna es afirmativa,** eres un comprador tacaño. No está mal gastar algo de vez en cuando. Piensa que los comerciantes también tienen que comer.

5.3.2. 👥 💬 **Vamos a hacer terapia de grupo: ¿te extraña el resultado del test?, ¿qué pregunta te pareció más rara/sorprendente/divertida/exagerada...?, ¿te extrañó alguna respuesta de tu compañero?**

Ejemplo: *Me extraña que haya tanta relación entre la falta de autoestima y las compras.*

6 Échame una mano, cuñado

6.1. 👥 💬 **Ofrecer ayuda es fácil, pero no resulta tan sencillo aceptarla o rechazarla de una forma culturalmente adecuada. Si dices directamente en español:** *"Sí, gracias"* **puedes parecer brusco o socialmente incorrecto, igual que si dices:** *"No, gracias"*. **También se acostumbra a rechazar el primer ofrecimiento esperando que nuestro interlocutor insista. Aquí tienes las formas adecuadas, lee con atención.**

ⓘ

- Para ofrecer ayuda u ofrecer nuestra colaboración a alguien, usamos:

  ¿Querer que + subjuntivo?

- Si la otra persona acepta tu ofrecimiento, te dirá:

  De acuerdo.
  Como quieras... gracias.
  Si quieres...
  Genial, gracias, de verdad.
  Te lo agradezco en el alma.
  Te lo agradecería mucho.

- También puede rechazar tu ofrecimiento:

  No, gracias, de verdad.
  No, no es necesario, gracias, gracias.
  No, no hace falta, muchas gracias de todas formas.

  ▶ *¿Quieres que te lleve al aeropuerto?*

  ▷ *No, no es necesario, gracias. Puedo tomar un taxi.*

  ▶ *De verdad que no me importa... Tengo tiempo. Vamos, que te llevo.*

  ▷ *Como quieras... Te lo agradezco en el alma.*

6.2. 👥 💬 **Todos tenemos problemas y necesitamos ayuda. Completa tu lista con algunos de ellos. Tu compañero va a ofrecerse para ayudarte... ¿Aceptas o rechazas su ofrecimiento?**

Ejemplo:

Alumno A: *Me duele muchísimo la cabeza.*
Alumno B: *¿Quieres que te traiga algo de la farmacia?*
Alumno A: *Te lo agradecería mucho.*

alumno a

- Se te descompuso el carro y tienes que ir urgentemente a Morelia.
- Mañana te cambias de casa y no sabes cómo le vas a hacer. ¡Qué lata!
- ....
- ....

alumno b

- No sabes qué pasa, pero no puedes levantarte en las mañanas, no oyes el despertador.
- Te vas tres semanas de vacaciones y no sabes dónde dejar a tu gato.
- ....
- ....

7.1. 👫 💬 **¿Conoces el significado de la expresión "de tal palo, tal astilla"? ¿Hay alguna expresión similar en tu lengua?**

7.2. 👥 💬 **¿De tal palo, tal regalo?... El siguiente reportaje que vas a escuchar, se realizó en Juguetilandia, una juguetería en la Ciudad de México. Los protagonistas fueron dos papás con sus hijos. Primero entraron los papás y eligieron cinco juguetes para regalar a sus hijos. Después, fueron los pequeños quienes tomaron sus cinco decisiones. ¿Crees que coincidieron?**

7.2.1. 👥 💬 **Antes de la audición, di si estás de acuerdo o no con las siguientes afirmaciones y discútelas con tus compañeros.**

	De acuerdo	En desacuerdo
1. Los papás siempre eligen juguetes educativos, mientras que los niños solo piensan en divertirse.	☐	☐
2. Un papá nunca le regalaría un celular a su hija de diez años.	☐	☐
3. Los carros son para los niños y las muñecas para las niñas.	☐	☐
4. Los papás conocen los gustos de sus hijos.	☐	☐
5. A los niños solo les interesan los juegos electrónicos y los videojuegos.	☐	☐

7.2.2. 🧍 🎧 **Ahora, escucha y elige la opción correcta de las siguientes afirmaciones:**
[40]

1. El papá de Mauro tiene en cuenta que:
- **a.** el juguete haya sido diseñado para un niño de su edad.
- **b.** el juguete le permita jugar con su hermano.
- **c.** el juguete le guste también a él (al padre).
- **d.** el juguete sea excesivamente caro.

2. Mauro eligió para él:
- **a.** el camión de bomberos.
- **b.** el tractor amarillo.
- **c.** el carro gris metalizado.
- **d.** el troncomóvil de los Picapiedras.

3. El papá de Diana piensa que:
- **a.** a su hija le horrorizan los carros a control remoto.
- **b.** su hija ya es mayor para jugar a los videojuegos.
- **c.** su hija quiere que le regalen un carro ecológico.
- **d.** si le regala el videojuego que su hija quiere, se quedará sin un centavo.

4. Diana quiere que sus padres:
- **a.** la lleven de viaje a Nueva York.
- **b.** le regalen un celular.
- **c.** no le hagan muchas preguntas.
- **d.** la dejen tener un perro en casa.

7.2.3. [grid icon] [audio icon] **Vuelve a escuchar y contrasta tus opiniones con las de los protagonistas.**
[40]

7.2.4. [grid icon] [speech icon] **¿Y a ti?, ¿cuál es el regalo que más te hizo feliz?**

Autoevaluación

1. La corrección es una etapa importante dentro del aprendizaje, ¿quién crees que tiene que corregirte?

☐ a. El profesor   ¿Por qué? ....
☐ b. Tus compañeros   ....
☐ c. Tú   ....
☐ d. Los tres   ....

2. En la expresión oral, ¿cuándo crees que es positiva la corrección del profesor?

☐ a. Mientras estoy hablando   ☐ b. Después de que haya concluido mi participación

¿Por qué? ....

3. En la expresión escrita, ¿qué haces cuando el profesor te devuelve tus trabajos?

☐ a. Miro si hay muchas correcciones, los meto en la carpeta y me olvido de ellos.
☐ b. Los reviso tranquilamente en casa y anoto en un cuaderno las correcciones de mis errores reincidentes.
☐ c. Vuelvo a escribir el trabajo ya corregido y subrayo los puntos dudosos.
☐ d. Otros ....

4. Para intentar "aprender de los errores" hay técnicas de corrección facilitadoras de esta tarea, por ejemplo, buscar un código de corrección de errores que te ayude visualmente a detectar los diferentes tipos de errores. Aquí tienes una carta de felicitación con los errores identificados. Intenta encontrar la solución en cada caso, después compara tus respuestas con las de tus compañeros. Guíate de la ficha de símbolos que te dará tu profesor.

México, 22 de febrero de 2009

Querida Ana:

En primer lugar, quiero felicitarle para tu cumpleanos, ¡que cumplas muchos años mas!
Gracias también por me invitar a tu fiesta de cumpleanos de el sábado, siento muchísimo no poder traer mi primo "el bombón", mas tiene otro compami‍o y no puede ir. Espero que va tu hermano Luis a la fiesta, ¡ojalá!
Me encanta (mucho) tu hermano, asimismo me encanta tu hermana Sofía.¹
Bueno, muchas gracias de nuevo.
Sale. Ahí nos vemos en la fiesta.

Cariños,

1. "También me gusta mucho"

Amy

Nos conocemos

1. Observa las siguientes fotografías y el título de la unidad: ¿cuál crees que es la base principal de la economía de los países latinoamericanos? ¿Sabes qué productos exportan estos países? Anótalos y, después, habla con tu compañero.

2. Lee el siguiente artículo que aparece en la revista *El Economista*, sobre los países de América Central. Después relaciona cada país de la columna A con una o más de las características de la columna B.

Economía de América Central

La economía de América Central está basada principalmente en la agricultura, el turismo y algunas industrias pequeñas.

Guatemala cuenta con una economía relativamente estable, sin embargo, es uno de los países con mayores índices de desigualdad social en América. El sector más grande en la economía guatemalteca es la agricultura, y es uno de los mayores exportadores de azúcar, café y banano. En Guatemala el único metal existente en grandes cantidades es el níquel, cuya extracción se destina mayoritariamente a la exportación. La industria es una importante rama de la economía guatemalteca, destacando industrias de vehículos, aparatos eléctricos, bebidas, textiles, etc. El sector del turismo año tras año cobra mayor importancia, ya que recibe alrededor de dos millones de turistas anualmente.

Nicaragua es el país más pobre de Centroamérica y el segundo más pobre de todo el continente (solo superado por Haití). Esto se debe a una combinación de varios factores: 40 años de dictadura, una posterior revolución que dejó un saldo de 50 000 personas muertas, una guerra civil en los años 80, y un bloqueo económico. La agricultura nicaragüense se ha basado históricamente en la exportación de banano, café, azúcar, carne y tabaco. El café es una de las exportaciones más importantes de Nicaragua. Los principales recursos mineros son el oro, el cobre, la plata y el plomo. El ron *Flor de Caña* de Nicaragua es renombrado entre los mejores de América Latina.

Honduras es el tercer país más pobre del continente (superado por Haití y Nicaragua). Aun así tiene una actividad productiva incesante en el área agrícola, ganadera y textil. El crecimiento de las exportaciones fue de 19% en los productos tradicionales como el café, banano, etc. Mientras que las exportaciones de los productos no-tradicionales como los mariscos contribuyeron con el 7%. El turismo hondureño poco a poco se sitúa entre una de las industrias más importantes del país.

ricano, aunque la pobreza está presente, sobre todo entre las comunidades indígenas.

Costa Rica es una de las potencias agrícolas de la región: es el séptimo mayor productor de bananos a nivel mundial y uno de los mayores productores de café y azúcar. Su economía ha evolucionado, pasando de ser un país principalmente agrícola a una economía de servicios. El turismo es la industria que más positivamente viene contribuyendo al desarrollo del país; sobre todo con la cantidad de cruceros que llegan allá.

La política económica de **Panamá** se basa en el sector servicios, siendo uno de los primeros países en utilizar esta política. Su principal estandarte son las exportaciones y los negocios de carga surgidos en torno al Canal de Panamá. El turismo también está en auge en esta región, con cruceros de pasajeros que transitan por el Canal. A raíz del Canal de Panamá se han desarrollado importantes empresas de servicios de transporte y logística.

El Salvador es el país más pequeño y más poblado de Centroamérica. Tiene la economía más estable de la región y la que más incrementó en los últimos años. La producción agraria sigue siendo el motor de la economía del país, destacando el cultivo del café, algodón o maíz. El sector industrial, se basa en la exportación, especialmente de textiles.

Costa Rica y Panamá figuran entre los países con mejor calidad de vida del continente ame-

A

Guatemala •
Nicaragua •
Honduras •
El Salvador •
Costa Rica •
Panamá •

B

- En su industria, destaca la producción textil.
- Exportan azúcar y café.
- Incrementó su nivel económico en los últimos años.
- Destaca por el sector servicios.
- Es el país con mayor diferencia social.
- Es uno de los mayores exportadores de productos agrícolas.
- Tiene recursos mineros y los exporta.
- El turismo es una base importante en su economía.
- Su economía es mayoritariamente agrícola.

3. [41] Vas a escuchar parte de la conferencia de un experto economista mexicano donde habla de la economía de México. Escucha y marca si las siguientes afirmaciones son verdaderas (V) o falsas (F). Corrige las que sean falsas.

☐ Actualmente, la base de la economía mexicana es la agricultura.

☐ No se han producido importantes cambios en la economía del país.

☐ Los principales productos agropecuarios de México son el maíz, el trigo y el frijol, entre otros.

☐ México manufactura considerables cantidades de productos forestales, entre ellos madera, chicle y resina.

☐ La industria petrolera está controlada por empresas extranjeras.

☐ La primera fuente de recursos del país es la actividad económica con Estados Unidos.

4. Establece una comparación (similitudes y diferencias), entre la economía de Centroamérica y la de México. Con las notas que tomaste, coméntalas con tu compañero a ver en cuántas cosas coincides con él.

5. ¿Qué es lo que más te sorprendió de estos países? ¿Qué semejanzas tienen con tu país? Busca información sobre la economía de tu país y haz una breve presentación al resto de la clase.

2

Revisión

Contenidos funcionales

- Describir
- Dar instrucciones
- Convencer, persuadir

Contenidos gramaticales

- Imperativo afirmativo y negativo
- Oraciones temporales
- Oraciones finales
- Oraciones de relativo
- Oraciones condicionales
- Perífrasis de obligación
  - *deber* + infinitivo
  - *tener que* + infinitivo

Contenidos léxicos

- Piezas de un electrodoméstico
- Manual de instrucciones
- Descripción de personas

Contenidos culturales

- Mercadotecnia y publicidad

Busque, compare
y cómprelo

R

Vamos a entrar en el mundo de la mercadotecnia. Para ello, crearemos un producto que comercializaremos a escala mundial; pero antes habrá que definir sus usos y cualidades, redactar el manual de instrucciones, trazar el perfil del cliente ideal y proyectar la campaña publicitaria con la que lo presentaremos en el mercado.

Primero, miren con atención esta imagen, pues es la del producto que deberán comercializar. Hasta que le encuentren un nombre, lo llamaremos *La Cosa*.

1 👥 ✍ En primer lugar, para que conozcan bien *La Cosa*, busquen en esta lista de palabras los nombres de cada una de sus partes.

• Llantas	• Teclado	• Enchufe	• Antena	• <u>Bocina</u>	• Piloto
• Ventanilla	• Cable	• Bisagra	• Botón	• Termostato	• Interruptor
• Palanca	• Pinzas	• Tornillo	• Tuerca	• Pantalla	• Objetivo

2 👥 💬 Y ahora imaginen qué utilidad puede tener *La Cosa* y discútanlo luego con el resto de la clase. Entre todos elegirán por votación la propuesta que más les guste.

> **España:** *altavoz*

> **Argentina:** *parlante*

3 👥 💬 Ya saben para qué sirve *La Cosa*, pero ¿por qué no intentan describir la función de cada una de sus partes?

Partes de *La Cosa*	Funciones
Llantas ————————→	Sirven para que *La Cosa* se mueva por la casa

4 🔲 💬 Llegó el momento de bautizar *La Cosa*; elaboren entre todos una lista de posibles nombres. Cada uno de ustedes deberá elegir uno y explicar por qué lo prefiere.

La Cosa se llama: [   ]

5 👥 💬 Ahora van a elaborar un manual de instrucciones para el usuario, pero antes fíjense en este modelo. En la columna de la derecha tienen los nombres de cada uno de los apartados. Relaciónenlos con la información de la columna de la izquierda.

	Servicio técnico	Funcionamiento	Cuidados y limpieza	Instalación	Precauciones	Consejos prácticos
1. Instala el aparato en una superficie plana.	☐	☐	☐	☐	☐	☐
2. Coloca la antena en el lugar indicado.	☐	☐	☐	☐	☐	☐
3. Abre la puerta, introduce el plato y cierra la puerta.	☐	☐	☐	☐	☐	☐
4. Ajusta el nivel de potencia que desees.	☐	☐	☐	☐	☐	☐
5. Cuando se encienda el piloto, aprieta el botón POWER.	☐	☐	☐	☐	☐	☐
6. Para ahorrar energía, es conveniente que selecciones siempre una potencia media.	☐	☐	☐	☐	☐	☐
7. Para evitar olores, puedes añadir el jugo de medio limón a un litro de agua y calentarlo a potencia alta.	☐	☐	☐	☐	☐	☐
8. Es conveniente limpiarlo y secarlo después de cada uso.	☐	☐	☐	☐	☐	☐
9. Frota el interior con un detergente suave.	☐	☐	☐	☐	☐	☐
10. No pongas el aparato cerca de fuentes de calor.	☐	☐	☐	☐	☐	☐
11. La humedad y el sol pueden dañarlo, no lo coloques nunca en el exterior de ventanas y balcones.	☐	☐	☐	☐	☐	☐
12. Asegúrate de que no haya niños o animales en el interior antes de ponerlo en funcionamiento.	☐	☐	☐	☐	☐	☐
13. No cubras las ranuras de ventilación.	☐	☐	☐	☐	☐	☐
14. Si el aparato falla, localiza el problema y prueba las soluciones indicadas en el manual.	☐	☐	☐	☐	☐	☐
15. Si el aparato sigue sin funcionar, debes llamar a tu distribuidor más cercano.	☐	☐	☐	☐	☐	☐
16. Para hacer una reclamación, tienes que presentar la garantía, ¡consérvala!	☐	☐	☐	☐	☐	☐

6 👥 📝 ¿Te fijaste en las estructuras gramaticales del manual que expresan instrucciones, recomendaciones y consejos? Completa con ellas esta tabla.

Estructura	Ejemplo
imperativo afirmativo	instala,

7 👥 📝 **¿Alguna de estas instrucciones puede servir para su manual? Tomen nota de ellas y, fijándose en las estructuras que acabamos de revisar, elaboren el manual de su producto siguiendo estos puntos:**

- Instalación

- Funcionamiento

- Cuidados y limpieza

- Precauciones

- Consejos prácticos

- Servicio técnico

8 👥 ⓐ **Están ahora en la fase más difícil del proyecto: decidir el perfil de su cliente ideal. De esto dependerá el éxito comercial. Fíjense en los ejemplos:**

Ejemplo: *Nos interesa gente **que sea** moderna y activa.*
*Nuestro cliente debe ser alguien **que tenga** dinero y **que viva** en la ciudad.*

• culto	• hogareño	• aventurero	• consumista	• <u>fresa</u>
• creído	• sociable	• exigente	• obrero	• etc.
• activo	• conservador	• dinámico	• moderno	

9 👤 🎧 **Nuestro propósito ahora es idear estrategias de mercado. Escucha con atención estos comerciales de radio. ¿Alguno de ellos sirve para su campaña?**
[42]

> **España:** *pijo/a*

> **Argentina:** *cheto/a*

10 👥 😊 **Además del radio, tienen a su alcance muchos medios: la televenta o infomercial, la prensa, la televisión, la venta a domicilio... ¡Y todos los que, con un poco de imaginación, se les ocurran! ¿Cómo darán a conocer su revolucionario producto?**

Autoevaluación

1. Escribe tres ejemplos de las estructuras que hayas utilizado en el manual de instrucciones.

....
....
....

2. ¿Cuáles de estas partes no pertenecen a *La Cosa*? Táchalas.

☐ Pinzas	☐ Pantalla	☐ Llanta
☐ Antena	☐ Objetivo	☐ Bocina
☐ Enchufe	☐ Tornillo	☐ Cable

3. De las diferentes partes de la tarea, ¿cuál te pareció más útil e interesante?

- Descripción del aparato y sus funciones
- Descripción del manual de instrucciones
- Perfil del cliente ideal
- Campaña publicitaria

1. Elige la opción correcta:

1. Media hora antes de que .... el desfile, las modelos estarán maquilladas.

        a. empezará   **b.** empieza   **c.** empiece

2. Cuando se lo ...., se enojará.

        a. digan   **b.** dirás   **c.** van a decir

3. No se me pasó el dolor de estómago, hasta que me .... esa infusión.

        a. había tomado   **b.** tomaba   **c.** tomé

4. Ayer le llamamos en cuanto .... a la oficina.

        a. llegamos   **b.** lleguemos   **c.** hemos llegado

5. No existe ningún remedio que .... todas las enfermedades.

        a. cura   **b.** haya curado   **c.** cure

6. Necesitamos un local que .... al menos 200 metros cuadrados.

        a. tendrá   **b.** tenga   **c.** tiene

7. .... muy joven, solo tiene 15 años.

        a. está   **b.** es

8. No .... tan triste, que a lo mejor apruebas.

        a. seas   **b.** estés

9. Lo mandamos a Estados Unidos para que .... inglés.

        a. aprenderá   **b.** haya aprendido   **c.** aprenda

10. Va a que lo .... el médico porque se siente mal.

        a. vea   **b.** ve   **c.** verá

11. No es que .... aburrido, es que tengo sueño.

        a. estoy   **b.** esté   **c.** he estado

12. Nos alegramos mucho de que te .... el sueldo.

        a. hayan subido   **b.** han subido   **c.** habrán subido

13. Siempre te agradeceré que me .... con esta traducción.

        a. ayudaste   **b.** has ayudado   **c.** hayas ayudado

14. ¿No quisiste ir porque .... ocupado o por otro motivo?

        a. estés   **b.** estás   **c.** seas

2. Forma frases con un elemento de cada columna:

• Te escribiré		• cumplió los años
• Lo esperamos		• deje de llover
• Llámame		• llegó
• Le regalé el libro	**cuando**	• desayunaba
• Nos quedaremos	**hasta que**	• terminé la carrera
• Leí el periódico	**mientras**	• me pida perdón
• Lo harás como yo digo		• salgas del trabajo
• Tenía 23 años		• vivas en mi casa
• No le hablaré		• tenga tiempo

# Nomenclatura de las formas verbales

La nomenclatura de los tiempos verbales del español ofrece variaciones según las diferentes gramáticas existentes. **Prisma Latinoamericano** sigue las directrices de la reciente ***Nueva gramática de la lengua española***, 2009. En esta obra, realizada por la Real Academia Española (RAE) y la Asociación de Academias de la Lengua Española, se muestran las nomenclaturas más difundidas de los tiempos verbales del español. En este libro se trabaja con la terminología de Andrés Bello, ya que es la más influyente y extendida en México y viene recogida en la *Nueva gramática*.

A continuación, aparece un cuadro con la equivalencia de los tiempos verbales según la *Gramática* de Andrés Bello y la terminología de las obras académicas recientes: *Diccionario de la lengua española* de la Real Academia Española (DRAE) y el *Diccionario panhispánico de dudas (DPD)*.

Equivalencias de las nomenclaturas de los tiempos verbales

Andrés Bello (Gramática, 1847)	DRAE/DPD	Ejemplos
MODO INDICATIVO		
Presente	Presente	*Hablo*
Antepresente*	Pretérito perfecto compuesto	*He hablado*
Pretérito	Pretérito perfecto simple	*Hablé*
Copretérito	Pretérito imperfecto	*Hablaba*
Antecopretérito	Pretérito pluscuamperfecto	*Había hablado*
Futuro	Futuro simple	*Hablaré*
Antefuturo	Futuro compuesto	*Habré hablado*
Pospretérito	Condicional simple	*Hablaría*
Antepospretérito	Condicional compuesto	*Habría hablado*
MODO SUBJUNTIVO		
Presente	Presente	*Hable*
Antepresente*	Pretérito perfecto compuesto	*Haya hablado*
Pretérito	Pretérito imperfecto	*Hablara o hablase*
Antecopretérito	Pretérito pluscuamperfecto	*Hubiera o hubiese hablado*
MODO IMPERATIVO		
Imperativo	Imperativo	*Habla (tú)*

* Estos tiempos verbales aparecen en algunos manuales como *Presente perfecto*.